내 생애 딱 한 번
부동산 풍수

내 생애 딱 한 번 부동산 풍수

초 판 1쇄 발행 2024년 3월 5일

지은이 최이락·류신영
펴낸이 정선모
디자인 가보경 이소윤

펴낸곳 도서출판 SUN
출판등록 제25100-2016-000022호
주 소 서울시 노원구 덕릉로 94길 21. 205-102
mobile 010. 5213. 0476
e-mail 44jsm@hanmail.net

ISBN 979-11-88270-71-2 (03180)
값 29,000원

* 이미지 출처: designed by Freepik

내 생애 딱 한번
부동산 풍수

최이락·류신영 지음

SUN

책을 내며

인간의 기본 3대 욕구에 재물욕財物慾이 들어 있을 정도로 자본주의 세상에서 살아가려면 재물은 필수불가결한 것이 되었다. 인간이 행복하게 살아가는데 재물은 얼마만큼 필요할까? 그것은 다다익선多多益善이라 할 정도로 많으면 많을수록 좋아한다.

재물이 풍족한 사람을 부자富者라고 한다. 그럼 부자의 반대말은 무엇일까? 정답을 빈자貧者, 즉 '가난한 사람'이라고 답하면 완전한 답이 될 수 없다. 정답은 빈자를 포함한 중산층과 일반인이다. 부자가 아닌 계층 중 부자로 전입될 가능성이 있는 사람은 거지나 극빈자는 대상이 아니다. 이 책을 읽고 부자가 될 수 있는 사람은 대부분 일반인이기 때문이다.

부자에는 재물부자와 시간부자가 있다. 재물이 풍족한 사람만 부자라고 부르면 그럼 시간이 남아도는 사람을 뭐라 부르는가? 또 인맥이 많은 사람은?

이 책에서는 좁게 보아 재물부자를 그냥 부자라고 하겠다. 우리나라에서 부자의 기준은 없다. 얼마 전에 중산층의 기준이라고 SNS에 유포된 것을 보았는데 나라마다 기준이 다르고, 부자의 항목도 사회 정의, 근사한 취미, 할 줄 아는 요리, 다룰 줄 아는 악기 유무 등 우리 선조들이 말하는 오복五福: 壽.富.康寧.攸好德.考終命에 가까운 수준이었다.

금융기관에서 부자 또는 VIP라고 기준을 정해둔 것이 있는데 대출을 제외한 순자산이 100억 원이 넘고 유동성 금융자산이 10억 이상이면 부자라고 하는 것을 보았다. 자산 중 부동산이 차지하는 비중이 높은지라 부동산을 모르고 부자를 꿈꿀 수 없는 노릇이다.

세상에 부자가 되고 싶은데 어떻게 하면 부자가 될까? 부자는 사주팔자가 따로 있어서 다음 생에서나 꿈꿔야 할까? 대부유천大富由天이요, 소부유근小富由勤이라 했다. 큰 부자는 하늘이 내고, 작은 부자는 근면·성실하면 된다는 뜻이다. 아껴 쓰고 부지런히 저축하면 작은 부자는 된다는 말이니 새마을운동하던 때의 생활 지침이었다. 그때는 저축이 미덕이었지만, 지금은 소비가 미덕인 세상이다.

자본주의 사회에서 재산을 불리려면 저축만으로는 불가능하다. 처음에는 저축이나 대출을 받아 종잣돈Seed Money을 마련해야 하겠지만, 주식이나 펀드를 비롯한 금융투자와 부동산을 통한 재테크가 필수다.

풍수지리의 목적은 구빈救貧이다. 부자의 기준에 부동산 비중이 많이 차지하고 있으니 부동산 풍수지리를 알아야 한다. 풍수지리를 모르더라도, 부자를 살펴보면 살고 있는 집이나 사업장이 풍수지리에 맞는 명당 혈처에 놓여 있음을 보게 된다. 마치 바둑을 두는 사람 중 이기는 사람은 이기는 점에 두고, 지는 사람은 지는 곳에 두더라. 따라서 부자는 재물이 발복하는 곳에 살고, 일반인이나 가난한 사람은 풍수지리에서 말하는 흉지에 살고 있더라. 이것이 풍수지리의 작용이 아니고 무엇이란 말인가?

많은 사람들이 지대한 관심을 갖고 있는 재물복이 생기는 풍수지리인테리어와 부자가 되는 터 등을 알기 쉽고 재미나게 구성했다. 독자들은 이 책에 나오는 내용 중 마음에 들고 실천 가능한 것 하나라도 따라 해보면 여태까지 이런 거 안 하고 뭐 하고 살았나 하는 생각이 들 것이다. 일독을 권유하는 바다.

2024년 3월

저자 識

목차

5장 생기를 받으려면

6장 가상家相과 비보풍수裨補風水

7장 웰빙 풍수

1장

부동산 풍수지리 이해

풍수지리란 무엇인가

풍수風水, feng shui는 땅과 공간의 해석과 활용에 대한 동아시아의 고유 사상이다. 풍수에는 음양오행설을 바탕으로 한 동아시아의 자연관이 잘 나타나 있으며 실제로 조경과 건축 등에 영향을 미쳤던 사상이다. '풍수'는 '바람을 갈무리하고 물을 얻는다'는 뜻인 장풍득수藏風得水를 줄인 말로, 생명을 불어넣는 지기地氣: 땅 기운를 살피는 것이다. 자연에서 태어난 사람은 바람과 물로 생명을 이루고 있다는 것이다.

풍수지리風水地理라는 한자어의 뜻을 풀이하면 '바람과 물風水로 구성되어 있는 땅地의 기운을 얻는 이치理'가 된다. 바람과 물을 생활 속으로 끌어들여 그것을 지리적인 조건에 맞춰 해석하는데, 산세山勢, 지세地勢, 수세水勢 즉 산의 모양과 기, 땅의 모양과 기, 물의 흐름과 기 등을 판단하여 이것을 인간의 길흉화복에 연결시켜 이에 의해서 생활하는 인간의 본질을 나타내는 것이 풍수이다.

풍수지리는 만물이 기氣로 이루어졌다고 보아 만물 중의 하나인 땅도 지기地氣로 이루어진 것으로 본다. 지기에 대해 음양과 오행, 그리고 주역의 논리로 체계화한 것이 풍수지리며. 특히 우리나라에 있어 서양의 지리geography라는 용어가 도입되기 이전까지의 진정한 전통지리는 풍수지리였다.

풍수가 언제부터 유행하게 되었는지는 구구한 설이 많은데 그중 가장 유력한 설에 의하면 중국의 전국시대로부터 진晉나라에 걸친 시대에 형성된 것이다. 그러나 원형을 따지자면 주周나라 시대에 소박한 형태로 도읍·성시·동리를 정할 때 적용했음을 알 수 있다.

서구권에서는 중국어 발음을 따서 Feng shui라고 한다. 현대에도 풍수를 가장 진지하게 따지는 곳은 중국의 광둥성 등 남방, 홍콩, 마카오와 대만 등지이다. 홍콩에서 풍수와 관련된 유명한 사례로 HSBC와 중국은행이 마천루를 짓게 되면서 일어난 해프닝인데, 중국은행이 빌딩을 칼 모양으로 지으니까 바로 옆에 HSBC가 빌딩 옥상에 대포 모양 장식을 했다.

서양의 풍수라고 하는 수맥은 가톨릭 신부에 의해 우리나라에 보급되었다. 수맥은 동양 전통의 풍수지리사상이 아닌 서양에서 유래한 개념이다. 일반인은 풍수와 수맥을 구별하지 못하거나 뒤섞어서 이야기하는 사람이 있다.

이런 면에서 풍수는 인류의 출현과 함께 자연스럽게 형성, 발전되어온 땅에 대한 태도의 체계화라고 할 수 있겠다. 다만, 살아 있는 사람과 땅의 관계뿐만 아니라, 죽은 사람의 경우까지 매우 중요시한다는 점에 풍수의 특징이 있다. 풍수의 기본 논리는 일정한 경로를 따라 땅속에 돌아다니는 생기를 사람이 접함으로써 복을 얻고 화를 피하자는 것이다.

사람의 몸에 혈관이 있고 이 길을 따라 영양분과 산소가 운반되는 것처럼 땅에도 생기의 길이 있다는 것이다. 보다 정확히 말하면 경락과 같은 것이 땅에도 있다는 것으로, 경락은 혈관과는 달리 눈으로 확인할 수 없으나 몸의 기氣가 전신을 순행하는 통로로서, 지기가 돌아다니는 용맥도 마찬가지로 보는 견해다.

땅속 생기의 존재 자체는 현대과학으로는 아직 증명되지 않았으나 그 존재가 전제되어야 설명되는 현상들이 많이 있으며, 과학적 설명이 불가능하다고 해서 있는 사실을 없다고 할 수는 없다. 산 사람은 땅의 생기 위에 얹혀 삶을 영위하면서 그 기운을 얻는 반면, 죽은 자는 땅속에서 직접 생기를 받아들이기 때문에 산 사람보다는 죽은 자가 얻는 생기가 더 크고 확실하다. 죽은 자가 얻는 생기는 후손에게 그대로 이어진다고 여겼는데, 이를 동기감응同氣感應 또는 친자감응親子感應이라고 한다.

이론 자체로만 보면 풍수지리는 국토를 효율적으로 이용하기 위한 일종의 인문지리학적인 학설로 현실을 반영하는 경우가 많다. 이는 풍수지리가 기본적으로 역사적 경험에 의거해 구성되었기 때문으로 추측된다. 특히 한반도에서 유독 양택풍수에 목을 맨 이유가 산이 많은 지형적 조건에서 유래했을 가능성이 크다. 기본적으로 산을 북쪽에 끼지 않으면 살인적인 북풍을 버틸 방도가 없거니와, 풍수지리를 따르자면 도시 및 거주지를 분지 지역으로 몰아넣어 결과적으로 평야 지대의 농경지를 보전할 수 있기 때문이다.

이러한 풍수지리를 인간에게 접목하기 위한 방편으로 양택풍수陽宅風水와 음택풍수陰宅風水로 나뉜다. 양택풍수는 주택과 사무실, 상가, 공장 등과 같이 산 사람이 사는 공간으로 그 활용성을 가진다. 반면에 음택풍수는 죽은 자를 위한 무덤으로, 죽은 자를 좋은 곳에 묻음으로써 후손에게 좋은 영향을 미친다는 점에서, 돌아가신 조상의 유골과 살아 있는 후손과 같은 기가 서로 감응한다는 음택풍수의 이론적 근거가 되는 동기감응론과 밀접한 관련성을 가진다. 곧 죽은 자도 산 자와 같이 잘 모셔야 한다는 효 사상이 바탕을 형성하고 있기 때문이다.

자연의 기운과 풍수지리학

동기감응同氣感應

풍수학의 최고 경전인 《장경葬經》의 첫머리는 "사람을 땅에 묻으면 생기를 받는다葬者乘生氣也"로 시작된다. 풍수학은 궁극적으로 생물이 보다 건강하고 행복하게 살 터를 구하는 것을 목적으로 삼는데, 생기 충만한 곳을 혈穴, 명당明堂, 혹은 길지吉地라고 부른다.

그렇다면 생기란 무엇인가? 비록 형체는 없으나 생기는 우주와 자연을 변화시키고, 천지만물을 창조하고 길러내는 기운을 가리킨다. 자연 상태라면 빛, 공기, 물, 양분, 온도 등이 복합된 개념으로, 음기陰氣와 양기陽氣로 나뉜다. 음기는 땅속에서 취하는 생기로 만물의 탄생을 주관하고, 양기는 땅 위로 흘러 다니는 생기로 만물의 성장과 결실을 주관한다.

만약 그중 하나라도 불충분하면 생물은 태어나 자라지 못한다. 모두가 충족되어서 탄생했다고 하더라도 공기, 물, 혹은 빛 등 그 어느 하나라도 불충분하면 생물은 자라서 열매를 맺지 못한다. 그 양이 지나쳐서도 안 된다. 바람이 거세면 생물은 죽고, 온도가 높거나 낮아도 생물은 자라지 못하며, 빛 역시 너무 강하면 타 죽는다. 그러므로 모든 요소가 충분하면서도 양이 적당해야 생기로써 역할이 가능하다.

자연 상태라면 물, 온도, 양분은 땅속에 있어 음기陰氣라 하고, 공기, 빛, 온도는 땅 위에 있어 양기陽氣라 한다. 즉, 생기는 음기와 양기가 모두 충분하고도 알맞는 것을 말하는데, 풍수학은 음기가 충분한 터를 혈이라 부르고, 양기를 알맞게 취할 수 있는 방위를 좌향이라 한다. 따라서 풍수학은 혈을 찾고, 좌향을 놓는 것으로 완성된다. 명당이라도 좌향을 잘못 놓으면 흉한 양기에 의해 모든 것이 허사가 된다. 그렇다면 생기는 어디에 있는가?

음기陰氣

음기의 본질은 물, 온도, 양분으로 그중 양분은 물에 녹아 있고, 온도는 자연 상태에서 좋고 나쁨을 선택할 수 없다. 사시사철 기온의 변화에 순응할 뿐이다. 따라서 땅속의 음기 중에서 사람이 임의대로 좋고 나쁨을 선택할 방법을 구사할 수 있는 것은 오직 물의 양이다.

따라서 풍수학에서 말하는 길지[명당]란 땅속에 적당량의 물이 있어 사시사철 만물이 탄생할 수 있는 지질적 요건을 갖춘 곳을 말한다. 그렇다고 물이 너무 많아서는 안 된다. 물기가 많은 땅은 겨울에 얼어 버린다. 북극과 남극에서 보듯 얼음을 딛고서는 어떤 생물체도 태어나 자랄 수 없다. 또 물의 양이 너무 적다면 싹조차 띄우지 못할 것이다.

땅속의 지질적 조건을 살필 때, 가장 알맞은 양의 물을 품어 건강한 생명을 탄생시킬 수 있는 물질은 바위나 돌, 그리고 모래보다는 흙이다. 우리는 바위나 강가의 모래 위에서 거목이 사는 것을 본 적이 없다. 이것은 바위나 모래가 거목이 필요로 하는 적당량의 물을 품지 못하는 물질임을 뜻하고, 따라서 땅속이 바위나 모래로 구성된 곳은 음기가 적당치 못한 흉지이다.

흙은 비록 생기의 요소는 아니다. 하지만 생기인 물을 품을 수 있는 물질이다. 따라서 흙이 있으면 곧 생기가 있는 것이다. 《장경葬經》에서도 "흙은 생기의 몸체이다"라고 말했다.

생기는 스스로 형체를 가지지 못함으로 흙에 의지해 만물을 성장시키는 역할을 담당한다. 때문에 흙은 생기의 몸이다. 따라서 흙이 있으면 생기가 존재한다고 본다. 기는 또 물의 어머니이다. 무릇 음양의 기차갑고 뜨거운 기운가 있어 서로 어울리면 바람이 생기고, 온기와 냉기가 합쳐지면 물이 생긴다. 물을 품은 바람은 하늘로 올라가면 구름이 되고, 떨어지면 비가 된다. 즉 비는 곧 물로 이것은 기의 작용에 의해 만들어져 기가 있는 곳에 곧 물이 있으니 기가 곧 물의 어머니이다. 땅에 떨어진 기[水]는 곧 흙 속에 머물면서 움직이는데, 물과 바람으로 이루어진 양기를 만나야만 땅속에 흐르는 생기가 멈추어 더 전진하지 못한 채 응집된다. 그래야만 만물을 키워 내는 생기의 역할을 할 수 있다.

따라서 풍수적 길지란 땅속이 흙으로 이루어진 특정 지역을 말한다. 풍수에서는 돌도 흙도 아닌 비석비토非石非土라 하여 눈으로 보면 돌처럼 단단해 보이나 손으로 만져 비벼 보면 밀가루처럼 고운 입자로 부서지는 것을 제일로 친다. 또 기름을 뿌린 것 같이 윤기가 나고,

사시사철 생물이 성장할 만큼 따뜻한 곳을 말한다. 그곳에 오방색이라 하여 황색, 적색, 청색, 흑색, 흰색의 무늬가 고루 섞여 있으면 더욱 귀한 흙으로 여긴다.

그곳은 하늘과 땅이 서로 정기를 교감하여 맺어놓은 자연의 열매로, 비록 흙산일지라도 주변의 흙과는 다른 기이한 상태의 흙이어야 한다. 혈에 사람을 매장하면 유골에 안개와 같은 옥로가 응결되어 천년을 지나도 썩지 않으며, 그 위에 집을 짓고 살면 신령한 기운이 집안에 가득 차 사람이 건강하고 행복하다고 한다.

이처럼 생기를 품은 만물의 어머니, 흙은 지구상의 모든 동물·식물들에겐 절대적인 존재이다. 생물은 흙에서 태어나서 흙으로 돌아간다. 또한 흙은 오염된 환경을 정화시키는 자정 능력까지 뛰어나다.

양기陽氣

양기는 땅 위에서 받는 생기로, 바람, 온도, 햇빛 같은 요소가 복합된 개념이다. 양기가 중요한 것은 만물의 성장과 결실을 주관하기 때문이다. 그중에서 온도는 사시사철 기온의 변화에 순응해야 하니, 선택에서 길흉을 논할 수 없다. 또 햇빛은 남향과 북향에 따라 일조량의 차이는 있지만, 생물이 살아가는데 필요한 일조량은 기본적으로 제공됨으로써 굳이 구별할 필요는 없다.

남쪽 산등성과 북쪽 산등성에 자라는 나무를 관찰해 보면 성장면에서 크게 차이가 나지 않는다. 따라서 일조량이 많아야남향 나무가 오래 살고, 적으면북향 오래 살지 못한다는 가정은 틀릴 가능성이 높다. 생물체가 살기에 필요불급한 햇빛은 남향이든 북향이든 관계가 적다는 결론이다. 따라서 햇빛도 선택면에서 고려할 대상이 아니다. 하지만 땅 위를 흘러 다니는 바람은 다르다.

풍수학에서는 움직이는 바람과 물을 함께 수水라고 부른다. 즉, 수는 양기인 바람과 물을 통칭한 개념이며, 우리가 보고, 마시는 물과는 전혀 다른 개념이다. 눈으로 보거나 손으로 잡을 수 없는 기氣의 상태를 말한다.

그런데 바람과 물은 냉혹할 정도로 일정한 순환 궤도를 돌면서 땅의 모양과 지질적 환경을 변화시키며, 나아가 그 터에 사는 생물의 생명 활동에까지 영향을 미친다. 풍수학에서 방향을 중시하는 것은 바람과 물의 순환 궤도를 파악하여 그중에서 좋은 것을 선택하자는 목적이 있기 때문이다.

따라서 남향이어야 겨울에 햇볕이 잘 들고 따뜻하다는 일반적 통념과는 사뭇 다른 특징을 보인다. 민들레가 종족 보존을 위해 자신의 씨앗을 바람에 실려 보내 결실을 맺듯 자연의 순환을 돕는 생명의 기운이긴 하지만, 한 방향에서 계속 불어온다면 바람으로 인해 흙과 초목의 수분이 증발해 말라 죽으며, 사람 역시 공기 중에 포함된 다량의 산소로 인해 각종 풍병風病을 앓게 된다.

그래서 어느 장소에서 생물이 가장 건강하게 성장하여 결실을 맺기에 적당하고도 알맞은 양의 양기를 취할 수 있는 선택된 방위가 바로 향向이다. 좋은 양기를 취하기 위해서는 좋은 향을 선택하는 것이 최선이다. 따라서 풍수학의 두 축 중 하나는 물을 알맞게 품은 흙덩어리를 찾는 것이고, 다른 하나는 그 위로 부는 바람 중에서 알맞은 양의 양기를 취할 수 있는 방위를 선택하는 방법론이다.

사람의 생기生氣

풍수지리학에서는 어려서 죽는 사람은 성장의 원동력인 생기의 누림이 적고, 오래 사는 사람은 생기의 누림이 크다고 설명한다. 사람이 귀하거나 천하거나, 부자이거나 가난하거나, 건강하거나 병드는 것 역시 생기를 받는 과소過小에 따라 일어나는 현상으로 본다.

사람에게 필요한 생기는 공기, 영양소, 물 등과 같은 생리적 요소도 있지만 꿈과 야망, 그리고 영감靈鑑 같은 형이상학적인 요소도 있다.

동물 중에서 자살하는 동물은 오직 사람뿐이다. 다른 생명체는 생리적인 조건만 갖추어지면 성장하고 번식하나 영혼을 가진 사람만은 신령적인 생기까지 갖추어야 살 수가 있다.

풍수학은 주택을 길지에 정하는 것보다 묘지를 길지에 정하는 것이 사람의 운명에 한층 직접적인 영향을 미친다고 본다. 까치가 나무에 집을 짓는 것은 그가 스스로 깨달은 학습 효과보다는 조상 대대로 전해진 유전적 형태에 따른 것이다. 동물의 형태를 분석하면 90% 이상은 유전적 특성을 보인다고 과학자들은 이야기한다. 따라서 사람의 길흉화복도 주택보다는 묘지에 의해 크게 영향을 받는다고 풍수학은 본다.

묘는 땅속이고, 주택은 땅 위에 짓는다. 열매가 충실하게 맺으려면 가지와 잎에 영양분을 공급하기보다는, 뿌리와 줄기에 영양분을 공급하는 것이 더욱 효과적이다. 지엽枝葉에 해당하는 주택이 후손의 행복에 기여하는 효과보다는 근간根幹에 해당하는 조상의 묘지가 후손의 발복에 보다 직접적이고 신속하게 미친다는 뜻이다.

풍수지리의 접근, 천지인天地人

천지인天地人은 삼재三才라고도 하는데 동양철학의 근간을 이루는 개념이다. 이 삼재는 우주의 근원이자 변화의 동인으로 적용하는 3가지 요소로서 천지만물을 창조하고 운행하는 주체인 하늘과 땅에 만물의 조화와 질서를 주관하는 주체적 존재로써 인간의 역할을 더 함으로써 완성해낸 개념이라고 한다.

따라서 천지인은 동양철학의 궁구窮求의 대상이다.

천지인天地人을 인수분해하면 三才= 天+地+人으로 된다.

운둔근運鈍根이라는 말이 있다. '운둔근'이란 경영 관련 강의 때 자주 나오는 얘기인데, 삼성 이병철 회장의 성공 철학이 운둔근에 녹아 있다.

"사람은 능력이 있다고 성공하는 것은 아니다. 운運을 잘 타야 하는 법이다. 때時를 잘 만나야 하고, 사람人緣을 잘 만나야 한다. 그러나 운을 잘 타고 나려면 역시 운이 오기를 기다리는 둔한 맛이 있어야 한다. 운이 트일 때까지 버텨내는 끈기와 근성이 있어야 한다"라고 강조했는데, 이를 운둔근運鈍根이라 한다.

天은 하늘이요, 시대정신이요, 시간이다

天은 동양철학에서 사주명리학 분야이다. 주역이 텍스트이다. 모든 것은 때가 있다. 때는 시간이고, 시간이 모이면 날이 되고, 날이 모이면 철이 된다. 철을 모르는 사람을 철부지節不知라고 한다. 주식투자로 성공한 사람들은 어떤 종목에 투자하는 것과 더불어 사고파는 시기가 중요하다.

地는 땅이요, 환경이고 자리다

동양철학에서는 풍수지리가 담당한다. '만물개유처萬物皆有處', 세상의 모든 물건은 모두 제자리가 있다. 축구경기에서도 골 게터Goal getter는 위치 선정이 절묘하다. 왕대밭에 왕대가 나고 삼밭의 쑥은 곧게 큰다. 봉생마중蓬生麻中이다. 제자리를 모르고 자란 식물을 잡초라고 하고 제자리를 벗어나서 있는 물건을 잡동사니라고 한다. 필요 없는 것을 버리는 것을 정리라고 하고, 필요할 때 찾기 쉽게 하는 것을 정돈이라고 한다. 정리 정돈은 인공지능AI이 넘겨다 보지 못할 영역이다.

人은 사람이요, 노력이고 처신이다

인문학 분야로서 매우 중요하다. 아무리 天과 地가 받쳐줘도 人이 부실하면 허사이다. 태도의 부실을 말한다. 인의예지仁義禮智 네 가지를 갖춰야 하늘이 돕는다.

명당 발복은 영원한가

풍수지리에 명당이란 용어가 있다.

다음 중에서 한자로 명당이 바르게 쓰여진 것은?

1. 名이름堂 2. 明밝을堂 3. 命목숨堂

정답은 2번인 밝을 명明 자를 쓴 명당明堂이 정답이다.

풍수지리에서 한번 명당이면 영원히 명당의 위치를 차지할까? 아니다. 10년이면 강산도 변한다는 옛말이 있지만, 이는 땅의 변화를 두고 하는 말이고 하늘의 천기가 20년마다 바뀌니 이를 따라 조금씩 바뀐다. 이를 풍수지리에서는 현공풍수玄空風水라고 한다. 기존의 형기풍수에다 시간과 방향이 가미된 풍수학의 한 분야다. 우리나라 풍수학계에 도입된 지는 오래되지 않는다. 조선시대 각종 사극이나 영화에 나오는 풍수 스토리는 모두 형기풍수形氣風水에 관한 것이다.

명당을 인수분해하면 明+堂으로 구성되어 있다. 우선 堂이 무엇이던가? 제법 규모도 크고 지위가 높은 집이다. 집에도 등급이 있다. 전殿→당堂→합閤→각閣→재齋→헌軒→누樓→정亭 이런 순서로 되어 있다.

동양에서 전殿은 최고의 지위다.

궁궐에선 근정전, 사정전, 인정전 등이 있고, 사찰에선 대웅전, 비로전이 있고 성균관이나 향교에선 대성전이 있다. 전殿에는 최고의 지존이 주석하고 계신다.

당堂은 두 번째 지위를 누린다.

궁궐이나 사찰에 가면 당堂이란 편액이 많이 걸려 있다. 가톨릭의 교회를 성당聖堂이라 하고, 개신교에서도 예배당이라고 불렀다. 유교인 성균관에도 명륜당이 있다. 이렇게 보면 당堂은 건축물에서 지위가 꽤 높다.

명당이란, 밝게 빛나는 지역을 말한다. 서울의 명동明洞은 모든 것에서 으뜸이다. 명동성당은 대주교님이 주석하시고, 명동 땅값도 전국 제일이다. 밝을 명明 자가 이름값을 하기 때문이다. 어두운 곳에 좋은 터는 없다.

묏자리陰宅도 검은색보다 희고 붉고 빨간색이 감도는 비석비토非石非土를 최상으로 쳐준다. 요즘 일반인들의 관심은 음택보다 양택에 치우쳐 있다. 양택은 당연히 밝아야 좋다. 명당은 무조건 밝아야 할까? 물론 아니다. 명당은 용도에 맞는 밝음이 있어야 한다.

그런데 명당이 마르고 닳도록 오래가는 것이 아니라 유효기간이 정해져 있다. 사람의 운은 10년을 주기로 바뀌고대운, 땅의 기운은 20년을 주기로 변한다현공풍수. 장사 잘되는 곳을 살펴보면 알 수 있다.

명당을 찾는 사람, 명당을 만드는 사람은 분명 마음이 다르다. 명당에서 상서로운 기운이 발복해야만 씨알 굵은 인물이 나오는 것일까? 복을 짓는 인물이 명당을 만드는 것일까? 명당에 터 잡았다고, 그것만 믿고 교만하면 명당의 기운은 소리 소문 없이 떠난다. 우리가 찾는 명당은 멀리 있지 않다. 집 가까이에 있다. 그것도 내 몸안에 있다.

명당은 풍수지리에서 말하는 좋은 묏자리나 집터를 말한다. 명당에 묘를 쓰면 후손이 부귀영화를 누리게 된다고 하며, 지리적, 환경적으로도 길지吉地를 일컫는 말이다. 명당은 발복發福과 깊은 관련이 있다. 사람이기에 복받음을 모두 좋아한다. 복을 더 차지하고 싶어서 밤낮없이 찾아 헤맨다. 궁금한 대목은 한 번 발복했던 자리를 다른 사람이 사용해도 계속 발복하는가이다. 그리고 그 복을 다른 사람과 나눌 수 있는 것인가이다.

요즘에는 명당을 인위적으로 만드는 경우도 흔하다. 앞산을 허물고 뒷산을 높이고 앞마당에 개울을 만들면 이론적으론 배산임수背山臨水의 명당이 따로 없다. 우공이산愚公移山이라고 명당의 지형을 그대로 모방하여 옮겨 놓으면 후세의 지관인들 어찌 알겠는가? 이런 터에서도 발복을 하는가? 누군가의 복을 훔쳐 오는 것은 아닐까?

사람들은 살아서는 좋은 환경을 갖춘 집터에서 살기를 원하고, 죽어서는 땅의 기운을 얻어 영원히 살기를 원한다. 그래서 사람들이 땅에 대한 기대나 바람을 논리화한 것이 풍수지리설이라 할 것이다. 산 사람을 양陽, 죽은 사람을 음陰이라 하며, 거기에 따른 주거지를 각각 양택陽宅·음택陰宅으로 구분하기도 한다. 풍수에서 요체가 되는 장소인 혈穴은 양택陽宅 집의 경우 거주자가 실제로 삶의 대부분을 얹혀사는 곳이고, 음택陰宅 묘소의 경우 시신屍身이 직접 땅에 접하여 그 생기를 얻을 수 있는 곳이다. 명당은 이 혈 앞의 넓고 평탄한 땅을 일컫는다.

대륙의 지각판이 움직이면서 지진도 일어나고 화산도 폭발한다. 지각판은 계속해서 움직이고 있다. 따라서 양택. 음택에 흐르는 기운도 항상 바뀌고 있다. 그러므로 좌청룡 우백호라 부르는 명당의 기운도 항상 변할 것이다. 그렇다면 붙박이로 정해진 명당도 없다는 것이 아니겠는가. 자신이 묻혀서 후손의 발복을 원한다면 그 고귀한 희생정신이야말로 높이 사야 한다. 하지만 조상님의 은덕이 묻혀 있는 발복하는 자리를 찾아다님은 결국 자신이 그 음복을 다 차지하겠다는 심보가 아니고 무엇이겠는가?

어찌 땅에만 운수대통의 기운이 있을까? 수많은 행성이 떠다니는 하늘에는 없는 것일까? 가상의 공간 메타버스에도 명당이 있다고 하는데 그곳은 어디일까? 무에서 유를 창조하는 인터넷상의 드넓은 홈페이지에도 정말 명당이 있을까? 죽은 명당이 아닌 살아 있는 명당은 어디에 있을까?

모두가 궁금해하고 모두가 찾고 싶은 그 명당은 어디에 숨어 있는지 명당을 찾으러 여행을 떠나보자.

풍수지리 발전 방향과 외국의 풍수지리

미국의 풍수지리

몇 년 전 트럼프 대통령 시절에 백악관을 개보수했다고 한다. 풍수지리 신봉자인 트럼프 대통령은 당연히 풍수지리에 입각한 인테리어를 했음은 자명한 일이다. 부동산과 엔터테인먼트로 사업을 일군 트럼프는 트럼프타워는 물론 전 세계에 진출한 사업체에 풍수지리를 접목하는 것으로 유명하다. 우리나라에 있는 트럼프월드도 당연히 풍수적 자문을 얻어 대우건설에서 건축했음은 업계에서는 다 아는 사실이다.

백악관은 1798년에 완공되었으며 워싱턴에서 가장 오래된 건축물이다. 미국의 독립전쟁 때 불탄 건물을 방치하다가 후에 하얀 페인트칠을 하고 보니 색깔이 튀어서 입방아에 올라 '화이트 하우스white house'라고 부른 것이 백악관 이름의 유래가 되었다.

우리나라 경복궁도 임진왜란 때 불타고 방치되어 있다가 대원군 때 중건했는데, 백악관은 현재 우리가 보는 경복궁의 근정전보다 70

년 정도 앞서 건축되었으니 역사가 짧은 미국에서는 국보급 문화재라고 할 수 있다.

미국의 전직 대통령인 클린턴에 대한 풍수지리 에피소드도 있다. 클린턴 대통령이 바람을 피우자 부인인 힐러리 여사가 침대를 교체하면서 실내 인테리어에 중국계 풍수지리 전문가의 컨설팅을 받았다는 일화가 있다. 독실한 기독교 신자인 힐러리는 미국 문화가 그러하듯 다문화를 수용하고 포용하는 모습을 보여줬다.

미국의 지형과 풍수

미국 국토는 서부에 로키산맥이 자리 잡고 있고, 그 산맥의 힘은 멕시코를 따라서 대서양으로 뻗어 내려가고 있다. 마치 우리나라에 백두대간이 한반도의 동쪽을 길게 놓여있는 것과 같다. 대통령 대부분이 동쪽 청룡자락인 애팔래치아산맥의 기운을 받아 탄생했다는 것도 의미가 있다.

유럽의 풍수지리관

유럽 사람들은 풍수지리적 사고뿐 아니라 다양한 신앙 형태를 가졌다. 물질문명과 과학이 발전하면서 풍수지리를 비롯한 동양철학이 비과학적이라는 이유로 폄하된 것이 사실이다. 따지고 보면 서양의 풍수지리라고 할 수 있는 수맥도 프랑스 신부님으로부터 전래되었다.

중세 가톨릭에서는 성당 건축이 가장 큰 과업이었다. 당연히 건축입지와 건물 형태가 중요했다. 풍수지리에서는 입지 선정을 명당明

堂 점혈로, 건축 형태를 가상家相으로 부른다. 유명한 성당은 지금도 유럽 관광자원의 반을 차지한다. 유럽에서 성당은 그 마을의 가장 중요한 자리에 위치하고 있는데 주교 등이 죽으면 성당 밑의 지하실에 묻는다. 이는 불교에서 고승대덕이 열반하면 등신불로 만들어 참배하는 것과 비슷하고, 풍수지리의 음택풍수와 맥을 같이한다.

대성당을 다시 세우기 위한 지점 찾는데도 다우징 방법이 사용되었다. 다우징dowsing은 과학적 수단을 사용하지 않고 지하수, 묻혀 있는 금속이나 광석, 보석, 기름, 묘지, 그리고 수많은 물질들의 위치를 찾아내는 것을 시도하는 점복의 일종이다.

영국 기업들 사이에서도 풍수지리 붐이 일고 있다. 버전 애틀랜타 항공사, 맥스앤드스펜서백화점, 리츠호텔 등 영국의 많은 유수 기업들이 사무실 배치 등에 풍수지리를 이용하고 있다는 것이다. 외신에 따르면, 이 회사들은 대부분 잉어 어항과 활엽수 화분을 사무실에 두고, 카펫은 행운을 상징하는 붉은색과 검은색으로 바꿨으며, 기가 원활하게 소통되도록 출입문 주위에는 장애물을 두지 않는다고 한다.

회사 차 번호판은 행운의 숫자로 이뤄지도록 신경 쓰고, 간부들에게는 가급적 붉은색, 검은색, 초록색 옷을 입도록 권장한다. 무선통신 회사인 오렌지사의 경우는 풍수지리상 자동차가 난폭한 호랑이를 상징한다는 이유로 건물 앞 주차를 금지했으며, 사람들이 밟고 다니는 매트에 있는 회사 로고를 없앴다.

그런가 하면 버진 애틀랜타사는 길일을 택해 새로운 항공 노선 취항 날짜를 정하고, 리츠호텔 사무실 위치나 홀 좌석 배치를 런던의 지력과 조화시키기 위해 풍수지리를 응용하고 있다.

영국 기업들 사이에 풍수지리가 유행하는 이유는 이들 기업이 영국 식민지인 홍콩과 거래가 잦았기 때문이라고 볼 수 있다. 다른 서구 기업들에 비해 중국 문화와 접촉할 기회가 많아 동양사상을 적극 수용한 것으로 보인다. 풍수지리 종주국인 우리나라에선 아직도 풍수학자나 지관이 묏자리나 잡아 주는 사람 정도로 인식되고 있는 것과는 참 대조적인 모습이다.

이처럼 첨단 과학이 발달한 서구 사회에서도 이제는 좀 더 인간적인 공간을 만들기 위해 풍수지리를 이용하고 있다. 그 안에 살고 움직이는 사람들이 더욱 안락하고 건강하게 생활할 수 있는 공간을 만들기 위해서 말이다.

2장

좋은 터만 볼 줄 알아도 이미 반은 성공해

좋은 터를 보는 법

살기 좋은 땅, 생기生氣가 가능한 곳

1) 대체로 음택의 명당은 산의 낮은 곳에 위치한다.

2) 양택집과 같이 산 자가 머무는 곳의 뒤편에 자리한 산의 경사가 가파르지 않아야 한다.

3) 산의 후면보다 전면이 상대적으로 좋다.

4) 산의 전후면 구분

- 전면: 상대적으로 경사가 급하지 않다.
- 후면: 상대적으로 경사가 가파르다.

- 전면: 앞쪽을 감싸는 유정한 모습이다.
- 후면: 사람이 등을 돌린 모습으로 무정하다.

- 전면: 대체로 지반이 흙으로 구성되어 있다.
- 후면: 상대적으로 돌이나 암반으로 형성되어 있다.

- 전면: 뒷면이 껴안고 있다.
- 후면: 강한 버팀으로 전면을 껴안고 있다.

- 전면: 보기에 편안하다.
- 후면: 보기에 거부감이 든다.

- 전면: 마을이 자리하고 있다.
- 후면: 상여집이나 무당집이 있다.

- 전면: 거리를 두고 물이 돌아가거나 빠져나간다.
- 후면: 산에 바짝 붙어 물이 휘감아 흐른다.

5) 주위의 산이 유정有情해야 한다. 산의 모습이 주인을 향하여 인사를 하거나 귀를 기울이는 모양이 좋다.
6) 보기에 좋은 산이 사방에 있는 곳이 좋다. 좋은 친구와 이웃이 주위에 있는 기분이다. 구슬 모양, 솥뚜껑 모양, 삼각형, 반원 모양. 집 모양, 장화 모양, 눈썹 모양, 일자형 등.
7) 어머니가 갓난아이를 감싸 안고 있는 모양으로 산이 감싸 안고 있는 곳.
8) 공기의 흐름이 고요하고 양지바른 곳이 좋다.
9) 땅은 습하지 않고 토질이 밝은 빛이면 좋다.
10) 물이 돌아가는 곳이 좋다. 산에서 나온 기운이 뻗어 나와서 주위보다 상대적으로 넓은 곳.
11) 위인이 태어나 자란 집.

12) 앞에서 물이 합합수하여 굽이쳐 사라지는 곳구곡수.

13) 안산앞쪽에 있는 산은 책상과 같이 높지 않아야 한다.

14) 정말 귀한 자리는 입수, 선익과 전순을 보고 혈심을 찾기는 힘들다.

15) 사람이 많이 모이는 곳, 장사가 잘되는 곳.

16) 원형, 팔각, 육각, 정방형의 대지가 좋다.

피해야 할 땅

1) 항상 땅이 질펀한 곳.

2) 막다른 골목의 끝 집.

3) 날카로운 것뾰족한 바위, 철탑, 건물의 모서리, 담장의 모서리 등이 있는 곳.

4) 무당집이나 상여집이 주위에 있는 곳.

5) 경사가 심한 산이나 언덕이 주위에서 위압을 가하는 곳.

6) 심한 소음 혹은 공기의 이동이 있는 곳: 기찻길, 고속도로, 공항 등.

7) 등을 돌린 산이 있는 곳.

8) 도시의 도로 중에 물이 잘 잠기는 도로에 가까운 집: 원래 습한 곳일 가능성이 높다.

9) 용맥의 과협처: 바람이 많고 기의 흐름이 빨라 혈이 맺히지 않는다.

10) 골짜기는 바람이 많고 범람의 위험이 있어 좋지 않다.

11) 산의 뒷면 혹은 주위 산들이 무정한 곳.

12) 채석 공사나 도로 공사로 인하여 산의 허리가 잘리고 파인 곳.

13) 교통사고가 많이 나는 곳.

14) 삼각형이나 뾰족한 각이 많은 대지.

15) 장방형이나 삼각형, 스타 모양의 집 형태.

16) 좌청룡 우백호의 끝이 서로 마주치는 곳이나 바깥으로 벌어진 곳.

땅을 구입할 때의 상식

개발제한구역 내의 토지

개발제한구역은 그린벨트라고 한다. 개발제한구역은 무차별적인 개발을 제한하고 도시 주변의 자연환경을 보호하기 위해서 녹지대를 묶어놓은 구역이다. 이 구역은 당연히 건축이 제한될 수밖에 없다. 따라서 이런 개발제한구역 내 토지 투자는 주의해야 한다.

보전산지 내의 토지

토지의 용도를 보면 다양한 단어가 있다. '개발제한구역', '보전산지' 등의 용어가 들어가 있으면, 개발에 제한이 있다. 이러한 '보호', '보전'이란 단어가 들어가 있는 땅은 반드시 주의해야 한다.

맹지

맹지는 도로가 없는 땅으로 건축을 할 수 없는 땅이다. 땅은 거의 건축을 위해 존재하는 것이다. 이러한 건축이 불가능한 맹지는 사지 않는 것이 좋다.

비오톱Biotope 등급을 받은 토지

이 토지는 서울지역에만 있는 토지인데 야생동물 서식지역을 뜻한다. 당연히 개발이 제한되어 있는 토지이기 때문에 이 땅도 사지 않는 것이 좋다.

선하지송전탑, 묘지가 있는 토지

선하지는 송전탑 아래에 있는 땅이고, 묘지가 있는 땅은 분묘기지권이 있는 땅으로 활용할 수 있는 범위가 매우 좁다.

인삼이 심어져 있는 토지

인삼이 심어져 있는 토지를 낙찰받을 경우 인삼의 소유자는 토지의 지주가 아닌 경작을 하고 있는 사람이다. 대부분의 식물은 1년 주기로 경작이 이루어지기 때문에 내년에 새로 경작을 하기 전에 경작 금지를 하면 되지만, 인삼의 경우 3~5년 주기로 수확이 이루어지기 때문에 이 기간 동안 토지의 개발 행위가 어렵다.

공유자가 많은 토지

공유자가 많은 토지는 법률 관계가 상당히 복잡하고 내 뜻대로 그 땅을 활용할 수 없다.

경사도가 20도 이상인 토지

기본적으로 경사도가 20도가 넘어가게 되면 건축 허가가 제한받는다.

물이 너무 가까운 땅

지반이 상당히 약할 우려가 있으며 특히 장마 기간인 여름에 홍수 등 자연재해에 취약할 수 있다. 또한 바닷가 근처의 경우 부식이 잘 될 우려가 크다.

축사 인근의 땅

축사 인근의 땅은 악취가 너무 심하여 아무도 살기를 원하지 않다. 또한 해충벌레이 많기 때문에 실거주하기에는 상당히 어려운 땅이다.

땅 방향이 북향인 땅

겨울엔 난방비가 많이 들며 낮에 채광이 매우 적게 들어온다. 채광이 좋지 않은 것은 생활하는데 매우 불편할 수 있다.

도로보다 낮은 땅

도로보다 낮은 땅은 비가 많이 오는 날에 침수의 문제가 있다. 또한 성토하는데 비용이 많이 든다.

결함 있는 집터 기운 보강

결함이 있는 집터의 기운을 보강하기 위한 풍수법이 비보裨補조경풍수다. 조경풍수에는 화초목인 식물 조경과 장승·솟대·석상·십장생 등 인조물 조경이 동원된다. 풍수에선 한 포기의 풀과 한 그루의 나무도 가볍게 보지 않는다. 화초와 수목이 갖는 물성物性과 이치를 세밀히 분석하여 수목풍수이론으로 승화시켰다. 화초와 수목의 물성을 자연법도나 생활지표로 삼은 것이다.

풍수는 공간 형성에 영향을 주는 산·물·방위·채광·통풍 등을 길지吉地 판별의 기준으로 삼는다. 공간의 특정 방위에 결함이 있을 경우 방위별로 길상목吉相木에 적합한 수목을 심어 불량지형에서 생기는 모순과 부조화를 개선할 수 있다. 이것이 비보조경풍수다.

정원을 만들 때는 조경수의 생리와 생태 특성을 고려하고 음양성·호습성·내한성 등을 따져 심어야 주거환경에 유리하다. 식재 방위에 따라 수종의 길상목과 흉상목이 8방위 별로 다른 만큼 이 또한 구분해 심어야 한다. 큰 나무巨樹는 채광에 방해가 되므로 동방이나 동남

방에 심지 말고, 고사목에는 귀기鬼氣가 모여드니 벌목의 법수에 맞춰 제거해야 옳다. 채광을 방해하는 큰 갓 모양의 수목은 강한 음기를 형성해 집안에 양기 공급을 차단하므로 흉하다. 뿌리를 깊이 내리는 심근성 나무도 땅의 지기와 생기를 파괴하고 고갈시키니 좋지 않다. 수명이 긴 장수나무도 마찬가지다.

집터로 쓰지 말아야 할 땅

늪지, 천변川邊, 연못, 호수를 매립한 땅

이러한 곳은 물이 드는 곳으로 집에 습기濕氣가 많아 집의 수명과 거주하는 사람의 건강에 치명적인 영향을 끼친다. 본래 습지濕地에는 무성한 풀이 자라 있을 것인데 이를 제거하지 않고 그대로 객토客土, 다른 곳에서 가져온 흙으로 덮음하는 경우가 많다.

습기도 많은 데다가 물풀들이 썩어서 내는 독성의 가스가 집으로 스며들어 가족들이 병자 또는 신체 허약자가 되게 한다. 좋은 생토生土를 가져다 보토補土를 했다 하더라도 이러한 곳은 피하는 것이 최선의 방법이다.

산을 절개한 땅

산을 절개하여 택지로 개발한 곳은 아직 지기가 탈살脫殺되지 않은 곳이 많다. 또한 산의 절개切開한 면과 건물 사이로 골이 형성되어 강한 바람의 통로가 된다. 골바람은 강한 살풍殺風이 되어 지기를 흩어지게 하고 동물이나 식물의 생장에 큰 장애를 준다.

심하면 바람 소리가 항시 윙윙거려 정신착란과 같은 병을 초래할 수 있다. 거주자는 정신이 산만하여 집중이 되지 않으므로 자녀들의 학업 부진은 물론 일의 성과도 없다. 또 산의 절개로 인하여 축대 붕괴와 같은 위험이 있다.

골짜기를 보토한 땅

골짜기에 옹벽을 쌓고 흙을 메워 택지를 개발한 곳은 지반이 약할 뿐만 아니라 엄청난 수맥을 받는다. 골짜기는 본래 물이 흐르는 곳이다. 보토를 했다 하더라도 지하로 스며든 물들은 본래 물길인 골짜기로 모여들어 흐르게 된다. 토사 유출로 지반의 침하沈下가 우려되고, 건물 붕괴의 위험이 있다.

골짜기는 바람도 유통되었던 곳이다. 바람이 옹벽에 부딪쳐 회오리나 광풍으로 변할 수 있다. 이러한 곳은 사람이 오래 살 곳이 못 된다. 오래되면 요통과 두통 등 병에 시달리고 건강과 의욕 상실로 일의 성과가 없다. 결국 파산하는 흉한 택지다.

큰 공장이 있던 땅

큰 공장이 있던 자리는 기계 돌아가는 진동으로 인하여 오랜 시간 지기가 흔들렸기 때문에 기가 흩어졌을 확률이 높다. 아무리 단단한 혈지穴地라도 지기가 흔들렸으면 이미 죽은 땅이나 마찬가지다. 또 공장의 폐수나 오염물질로 인하여 토양이 생기를 잃어버릴 수도 있다. 불가피하여 이러한 곳에 집을 지을 때는 깨끗한 흙이 나올 때까지 파내고, 좋은 객토客土로 보토補土한 다음 다지기를 철저히 해주어야 한다.

재래식 화장실, 축사, 두엄, 쓰레기 매립지였던 땅

재래식 화장실이나 축사, 퇴비와 축사의 배설물을 쌓아놓았던 두엄, 쓰레기 매립지 등은 악취와 부패 가스로 나쁜 영향을 주므로 피하는 것이 좋다. 그러나 불가피할 경우는 오물이 스며든 곳까지 완전히 흙을 파낸 다음 깨끗한 생토로 보토하여 다지기를 철저히 해주어야 한다.

고목이나 큰 나무가 서 있던 땅

오래된 고목古木이나 큰 나무가 서 있던 땅은 나무뿌리가 땅속으로 뻗어 지기地氣를 다 파헤쳐 버렸을 가능성이 크다. 비록 나무는 잘랐다 하더라도 뿌리가 남아 있을 수 있다. 나무뿌리가 있는 곳으로 물이 스며들고 바람이 들어 가족 중에 정신질환자가 나오는 등 좋지 않은 일이 자주 발생한다. 또 큰 나무가 있는 집터는 무성한 나뭇가지로 양기陽氣인 햇빛을 차단할 뿐 아니라 각종 곤충이나 해충들이 붙어 질병을 일으킬 수도 있다.

오행五行으로도 목극토木剋土하여 지기를 괴롭히고, 수생목水生木하여 집터의 지기를 보호하는 수기水氣를 모두 흡수한다. 나무뿌리는 가지가 옆으로 퍼지는 만큼 뻗는다고 한다. 집안에 나무를 심을 때는 최소한 나무의 높이만큼 떨어져야 하고, 나뭇가지가 지붕 위로 뻗어서는 안 된다.

암석이나 자갈이 많은 땅

바위나 돌멩이들이 날카롭고 뾰족뾰족하게 있는 땅은 살기殺氣가 있으므로 집터로 옳지 않다. 아직 탈살脫殺이 덜된 곳으로 지기地氣 역시 날카롭고 예리하게 작용한다. 이러한 곳에 집을 짓고 오래 살면 큰 흉화凶禍를 당할 수 있다.

점토粘土가 많아 질퍽거리는 땅

끈끈하게 찰진 점토질의 토양은 배수가 되지 않아 습기가 많고 질퍽거린다. 항상 음습陰濕하므로 건강을 해치기 쉽고 각종 병에 자주 걸린다. 자고 일어나면 개운하지 않고 몸이 무겁다. 이러한 곳에 오래 살면 의욕이 떨어져 일의 성과를 기대할 수 없다. 결국 파산하고 단명短命한다.

먼지가 자주 일어나고 부석부석한 땅

미세한 입자의 흙으로 바람이 불면 뿌옇게 먼지로 되었다가 비가 오면 곤죽이 되어 질퍽거리는 땅이다. 비록 풍화가 잘돼 미세한 입자로 되었으나 흙에 생기가 없다 보니 서로 결합을 못 했다. 건조했을 때 밟아보면 신발이 푹푹 빠져 자국이 남는다. 이러한 곳은 지기가 없는 곳으로 집을 지으면 발전이 없다.

전통 풍수지리관에서 말하는 재물이 나가는 땅의 조건

1) 대문 앞 강물의 물살이 거세면 건강과 재운財運에 불리한 작용을 한다.

2) 하천의 폭이 넓으면서 물살이 급하면 '무정수無情水'라 하고, 이것이 주택과 가까이 있으면 '할각수割却水'라 하여 재물이 빠져나가는 불리한 작용을 일으킨다.

3) 흐르는 물소리도 오랫동안 들으면 마치 곡성哭聲처럼 들려 근심거리가 생기기 쉽다. 반면 구불거리며 가늘게 흐르는 작은 개천을 '구곡수九曲水'라 하는데 이는 '유정수有情水'로 길하게 본다.

토질을 살펴야 한다

1) 매립지, 수맥, 단층지대, 화산지대 등은 견고하지 못한 지층으로 건물이 붕괴될 가능성이 있으니 피하는 게 좋다.

2) 해변가의 경우에도 바다와 거리가 가까우면 습기가 매우 심하고 염분도 많으므로 장기적으로 거주하기에는 좋지 않다. 단기간에 특별한 풍광을 즐기는 것으로 만족하는 게 낫다.

3) 크고 작은 하천을 복개한 곳에 건물을 세우면 하천이 건물을 뚫고 지나가는 격이 되어 건강에 악영향을 미친다.

4) 택지의 모양이 거북이의 등처럼 불룩 튀어나온 경우에도 지기地氣가 아래로 흩어지기 때문에 재운財運이 감소되는 요인이 된다.

5) 화재가 발생했던 땅도 꺼리는 곳이다. 화재가 발생한 후에는 토양이 변질되어 지기地氣가 손상되었을 우려가 크다. 만약 화재가 발생한 땅에 건물을 세우려면 지표면을 파낸 후에 건축해야 한다. 가령 예전에 도자기를 굽던 땅인 도요지陶窯地에 집을 지으면 가운家運이 흥하지 못한다. 화기火氣를 머금은 땅은 지기가

손상되었을뿐더러 주변의 좋은 진흙을 모두 파낸 까닭에 지기가 왕성하지 않기 때문이다.

6) 초목의 뿌리가 많은 땅은 뿌리가 썩으면서 택지의 견고함에 영향을 미친다.

7) 과거에 묘지나 형장, 도살장으로 용도로 쓰인 곳이라면 음기陰氣, 세균, 살기殺氣, 원귀寃鬼 등의 부정적인 요인이 내재하니 택지로 부적합하다.

8) 마찬가지로 대규모의 참사가 일어났던 장소나 병원으로 쓰였던 건물을 주택이나 사무실의 용도로 변경하는 것 또한 부정적이다. 오랜 시간이 흐른 후에 지기地氣가 정화되어야만 무난한 택지가 된다.

9) 자투리 땅이나 삼각형 땅은 끝부분이 뾰족하여 화살火殺을 형성하게 되는데 심신이 불안정하게 되고 대인관계가 원만치 못하게 된다. 자신을 손상시키거나 간혹 타인을 손상시키는 부정적인 의미를 담고 있다.

10) 도로에서 모퉁이를 돌아가는 반궁처反弓處의 바깥쪽 근방이나 길이 두세 갈래로 갈라져 가위형이나 혹은 Y형을 이루는 전도구剪刀口가 좋지 않은 땅도 피한다. 개미집이 많은 땅도 기氣가 쇠약해졌을 확률이 높으므로 지기地氣가 왕성하지 못하다.

11) 대문 앞의 형상을 고려할 때는 땅의 높낮이와 강물이 흐르는 경우를 주목해서 살필 일이다. 건물의 땅이 뒤에 있는 땅보다 높으면 점차 운기運氣가 쇠잔해지는 형상이 된다. 이와 반대일 경우는 길하다.

12) 대문 앞에 작은 냇물이 흐르면 무방하지만, 이 경우에도 방위를 살펴 길흉을 추정하는 게 상례다.

13) 큰 강물이 흐르거나 강물의 물살이 거세면 소음과 습기가 많고 불안감을 야기한다. 이러한 불안감은 신경쇠약이나 수면 부족을 가져와 건강에 해롭다.

14) 큰 강은 100미터 정도 떨어져 있는 게 좋다. 고층에 거주하는 경우에는 약간 더 근접해도 무방하다.

15) 현대에는 도로를 강물에 비유하여 풍수를 설명하기도 하는데 차들이 고속으로 지나가는 대로는 거센 강물과 같은 식으로 해석한다. 재운財運을 쓸어가는 형국이 되어 좋지 않다.

16) 직사각형 땅으로 만들어야 길하다. 불균형한 땅은 택지에서 제외하라. 정원수 재배 등으로 활용하라.

부자가 되려면 부자동네에 살아야 한다

"의식족이지예절衣食足而知禮節"

법가사상法家思想을 주장한 관중管仲의 말이다.

이 말은 백성百姓은 입고 먹는 것이 넉넉해야 예의禮儀나 체면體面, 법法 따위를 알게 된다는 말이다.

외국에는 없지만 우리나라에만 있는 경제사회 용어 중에 흙수저, 벼락거지, 조물주 위의 건물주, 스세권스타벅스 매장이 있는 지역 등이 있다. 최근의 부동산 폭등 사태를 두고 젊은이들 사이에서 '벼락거지'라는 신조어가 나왔다. 이는 벼락부자를 빗대어 나온 말이다. 벼락부자는 졸부와는 다른 개념이다. 벼락이라는 말이 들어가면 '갑자기'라는 시간이 개입되었다는 뜻이고, 졸부는 '어쩌다' 돈만 많은 부자라는 요행이라는 변수가 개입되었다는 뜻이다.

이 책의 들머리에 언급되었던 것처럼 부자의 반대말은 일반인이다. 즉 부자가 아닌 서민이라는 말이다. 거지가 아니다. 거지는 빈자貧者라고 한다.

이들 부자와 서민의 차이는 뭘까? 부자는 하고 싶은 일을 지금 할 수 있는 사람이고, 서민은 하고 싶은 일을 미래에 할 수 있는 사람이다. 거지는 미래에도 하고 싶은 일을 할 수 없는 사람이다.

서민은 삶의 태도와 방법에 따라서 부자가 될 수도 있고, 가난한 사람도 될 수 있다. 이 책을 읽는 분들은 대부분은 일반인일 테니 우리 모두 부자가 되기 위한 팁을 드린다.

부자富者의 정의

부자란 재산이 많은 사람을 말한다. 돈이 곧 힘인 자본주의 사회에서 돈은 인간의 인격이다. 풍수지리의 목적도 가난을 구제한다는 뜻인 구빈救貧이다. 해방기 이전에 탄생한 우리나라 재벌들의 돈줄은 땅이었다. 당시 최고 부자는 민영휘였다. 우리나라 최초의 근대식 백화점인 화신백화점을 지은 박흥식도 10대째 내려오는 2,000석지기 지주로 알려져 있다. 이 밖에도 영남·호남 부자, 충청 갑부 등이 있었다.

해방 후 1960년~1970년대 이병철, 1980년~1990년대 정주영, 1990년~2000년 이건희 회장 순으로 이어져 왔다가 이건희 회장 사망 후 상속 과정에서 1순위가 이재용 회장과 다른 사람이 엎치락뒤치락하고 있다. 현재 우리나라의 최고 부자는 김범수 카카오 창업주가 이재용 삼성그룹 회장을 제치고 1위에 랭크되었다.

옛날 농경사회에서는 부자를 분류할 때 농토를 얼마나 소유했는가를 가지고 동네 부자, 고을 부자, 나라 부자로 나눴다. 나라 부자는 국부로서, 요즘말로 그룹 회장인 재벌이다.

산업사회가 되면서 토지의 소유보다는 현금이나 주식, 공장, 선박 등이 부동산을 앞지르게 되었고, 지금 정보화 사회에서는 플랫폼. 가상자산 등이 부자를 가늠하는 기준이 되었다.

글로벌 부자는 다소 기복이 있지만, 2023년 말 기준으로 세계 부자인 1위는 일론 머스크 테슬라 최고경영자CEO, 2위는 명품 패션 브랜드로 유명한 프랑스 베르나르 아르노 회장, 3위는 제프 베이조스 아마존 창업자, 4위는 빌 게이츠 마이크로 소프트 회장이고 마크 저커버그 메타 CEO가 5위에 랭크됐다.

한국 사회에서 부자의 기준은 어떻게 될까? 총자산 100억 원 이상, 연소득 3억원 이상이라고 한다. 특히 금융자산이 10억 원을 초과해야 한다고 한다.

부자 동네, 슥 부촌이란 어디를 말힐까?

① 평균적인 부자들이 많이 사는 동네

② 원래 가난했지만 이사 온 후 부자가 된 사람이 많은 동네

③ 집이 크고 고급인 저택이 밀집한 동네

④ 성공한 사업가. 이름있는 예술가, 대학교수가 이웃한 동네

사회학에서 말하는 부촌은 ①③번이고

풍수지리에서 말하는 부촌은 ②④번이다.

어떻게 해야 부자가 될까?

부자가 되려면 부자 동네에 살아야 하고, 부자처럼 행동해야 한다.

그러면 서울의 부촌은 어디일까?

1세대 부촌: 성북동, 평창동, 구기동, 장충동, 한남동

2세대 부촌: 압구정동, 방배동, 청담동, 삼성동

3세대 부촌: 도곡동, 대치동, 판교동, 서초동, 반포동

다들 부자가 되고 싶어 한다. 그런데 아무리 노력한다고 해도 부자가 되기는 힘들다. 왜냐하면 우리는 자본주의 사회에 살고 있기 때문이다. 자본가가 돼야 부자가 된다. 자본주의 사회에서는 자본가 아니면 노동자 둘 중 하나이다.

그런데 우리나라는 노동자가 되는 것만 가르친다. 열심히 일해서 월급 받고 저축하는 것, 그렇게 해서는 부자가 될 수 없다. 남이 나를 부자로 만들어줘야 하는 거다. 그게 자본가가 되는 것이다. 자본가가 되는 가장 좋은 방법이 주식을 소유하는 것이다. 주식을 꾸준히 사는 것, 일찍 시작하면 부자가 될 수 있다.

중요한 것은 매일매일 돈을 아껴서, 커피값을 아끼고 비싼 물건을 안 사고 주식을 모으는 것이다. 주식은 모으는 것이지 사고파는 게 아니다. 누구나 주식 전문가가 될 수 있다. 다만 현명한 투자 철학을 갖는 것이 중요하다.

부자가 사는 좋은 터는 어떤 곳일까?

풍수지리로 접근해 보겠다.

1) 주위의 산이 유정有情해야 한다: 산의 모습이 주인을 향하여 인사를 하거나 귀를 기울이는 모양이 좋다.
2) 보기에 좋은 산이 사방에 있는 곳이 좋다: 좋은 친구와 이웃이

주위에 있는 기분이다. 구슬 모양, 솥뚜껑 모양, 삼각형, 반원 모양. 집 모양, 장화 모양, 눈썹 모양, 일자형 등

3) 어머니가 갓난아이를 감싸 안고 있는 모양으로 산이 감싸 안고 있는 곳이라야 한다.
4) 공기의 흐름이 고요하고 양지 바른 곳이 좋다.
5) 땅은 습하지 않고 토질이 밝은 빛이면 좋다.
6) 물이 돌아가는 곳: 산에서 나온 기운이 뻗어 나와서 주위보다 상대적으로 넓은 곳.
7) 앞에서 물이 합수하여 굽이쳐 사라지는 곳.
8) 안산앞쪽에 있는 산은 책상과 같이 높지 않아야 한다.
9) 사람이 많이 모이는 곳, 장사가 잘되는 곳.
10) 원형, 팔각, 육각, 정방형의 대지가 좋다.

3장

아파트 풍수지리

아파트를 살 때 살펴야 할 것

아파트가 갈수록 고층화되고 있다. 60~70년대 5층 정도였던 아파트가 80년대를 지나 90년대에는 15층을 짓더니 이제는 30층 이상의 초고층이 유행이다.

아파트는 단순히 인간을 보호해 주는 공간이라는 도구적 개념이 강했다. 이 때문에 좁은 공간에 최대한의 건축을 위해 방위라든가 지형 등을 고려하지 않고 지어졌다. 최근 들어 친환경적인 면에도 눈을 돌리고 있으니 그나마 다행이다.

주택은 단순하게 지붕과 벽으로만 지어진 구조물이 아니다. 그 공간에서 발생하는 기운은 그곳에 사는 인간에게 정신적으로나 육체적으로 많은 영향을 미친다. 아파트 공간도 예외는 아니다. 따라서 인간적인 공간을 만들도록 노력해야 한다. 그전에는 닭장식 아파트가 대부분이었으나 최근에는 공간의 기능성, 구조의 안정성, 형태의 아름다움을 강조하여, 아파트의 내부 공간도 기능성, 친환경성 등에서 많은 성과를 거두고 있다.

아파트가 점점 고급화 대형화 고층화 되어가고 있는 추세이다 보니 양택풍수도 일반 주택에 적용하는 것보다 아파트에 적용하는 것이 더 현실적이다. 기존의 담장과 대문, 마당, 주가主家건물로 분리하여 기운을 측정했던 이론을 이제 아파트란 새로운 주택 구조에 적용해야 하는 시대가 됐다.

도시의 일반적인 단독주택 역시 마당이나 정원이 거의 없이 대문이 곧 현관문이 되는 경우가 많으므로 옛 전통의 가상이론을 따르기에는 문제가 있다. 그래도 기운이 주택에 작용하는 이치는 같으므로 전통의 가상이론을 현대에 맞게 응용하여 적용함이 바람직하다.

최근 아파트 현장을 보면 마구잡이로 산을 깎아내거나 계곡 또는 논 등을 매립하여 택지를 조성한다. 지세와는 관계없이 남향이나 남동향을 선호하여 배산임수의 원칙도 무시한 채 일률적으로 짓거나 그 반대로 짓는 경우를 흔히 볼 수 있다. 이러한 아파트에서는 자연의 혜택을 전혀 받지 못하고 오히려 해를 입는다.

좋은 아파트를 고르는 10대 체크 포인트

첫째, 아파트 단지가 산을 등지고 있는지를 살핀다. 풍수의 기본 원칙이 배산임수이다. 모든 땅은 산맥을 통하여 지기를 전달받기 때문에 뒤에 산이 있어야 한다. 그러나 산이 너무 높거나 험하면 오히려 불리하다. 또 산에 너무 가까이 있어도 안 되며, 아파트 뒤가 골짜기이거나 논이라서 허한 곳은 피해야 한다. 순하고 깨끗하고 아름다운 산이 반듯하게 뒤를 받쳐주는 아파트야말로 최상이다.

둘째, 아파트 단지 앞이 평탄한가를 살핀다. 풍수에서는 집 앞이 평탄하고 원만해서 물이 모이는 것을 선호한다. 배산임수의 임수臨水가 바로 이것이다. 앞이 경사지면 물이 곧장 빠지므로 지기도 흩어져 재물도 곧장 빠져나간다.

셋째, 아파트 단지를 향해 사방의 산들이 감싸고 있는 곳을 선택한다.

넷째, 아파트 단지가 산이나 능선의 면앞쪽에 위치하고 있는지 살펴본다. 앞면은 능선이 완만하고 깨끗하고 밝은 느낌을 주나, 뒷면은 가파르고 험하고 어둡고 춥다. 산의 면앞면 쪽에 있는 아파트가 살기 좋은 곳이다.

다섯째, 아파트 단지가 물이나 도로가 감싸주는 안쪽에 있는지를 살핀다. 물길이 감아 도는 안쪽이 면이고 바깥쪽이 배背이기 때문에 하천이나 도랑물이 흐르는 안쪽을 선택해야 발전을 기대할 수 있다. 풍수에서는 도로를 물로 보기 때문에 큰 도로든 작은 도로든 감싸고 도는 안쪽 아파트를 고른다.

여섯째, 고지대에 있는 아파트 단지는 피한다. 고지대는 험할 뿐 아니라 바람도 세차게 분다. 바람을 타면 지기가 흩어지기 때문에 발전할 수가 없다.

일곱째, 복개천이나 습지, 쓰레기장 등을 매립한 곳에 지은 아파트 단지는 피한다.

여덟째, 대로변이나 고가도로가 지나는 아파트는 피한다.

아홉째, 고밀도 고층아파트 단지나 경사가 심한 아파트 단지는 피한다.

열째, 같은 아파트 단지라도 좋은 아파트 동을 찾는 법은 따로 있다. 아파트 동이 지맥 위에 있는지를 살핀다. 산에서 내려오는 능선과 연결된 아파트가 지기를 받는 아파트이다. 만약 연결된 능선이 없으면 좋은 자리가 아니다. 이때 능선이 구불구불 변화가 활발하면 생기가 좋은 땅이고, 변화가 없이 죽은 생선처럼 일자로 쭉 뻗은 능선은 사맥死脈으로 아무런 의미도 없다.

아파트에서 보이는 산들의 모양이 단정하고 깨끗한가를 살핀다. 만약 주변 산들이 반듯하고 잘 생겼으면 귀한 인물이 나오고, 둥글고 풍만하면 부자가 난다. 깨지고 부서진 산들이 험하게 보이면 파탄이 염려되고, 산이 균형을 잃고 기울거나 등을 지고 달아나는 모습은 파산 등 재산의 손실이 많다. 본래 생땅에 건립된 아파트인지를 살피고, 햇볕도 잘 드는지도 살핀다.

풍수지리에서 나쁜 아파트 위치

풍수지리에서 좋지 않은 위치의 아파트는 다음과 같다.

1) 직선도로와 마주 보는 아파트.

2) 굽은 도로의 직진하는 기를 마주 보는 아파트.

3) 도로 바로 옆 아파트의 저층.

4) 앞이나 옆의 도로가 급한 경사를 이루는 곳, 직선도로를 마주 보는 아파트, 심한 커브를 이루는 바깥쪽을 마주 보는곳.

5) 소음과 악취가 심한 공장 주변, 더러운 물이 고인 호수 주변의 아파트.

6) 주변 건물의 날카로운 모서리가 근거리에서 똑바로 향하거나 묘지, 장의사, 병원의 영안실죽음이 연상이 보이는 곳.

7) 척박한 땅초목이 잘 자라지 않는 땅이나 산을 심하게 훼손하여 산사태의 위험이 있는 곳.

8) 동 사이의 간격이 너무 좁아 햇빛이 들지 않고 기氣가 막혀 있는 곳아파트 높이의 1배 정도가 되어야 한다.

9) 주변 건물의 날카로운 모서리가 근거리에서 영향을 미치는 배치.

10) 주변 건물의 날카로운 모서리 그림자가 비치는 경우.

생기와 재물이 들어오는 현관 풍수

작은 종 달기

실내의 나쁜 기를 분산시키거나 약하게 하는 데에는 작은 종이 그만이다. 끝에 대롱대롱 달려서 집안의 기를 상징적으로 상승시키는 효과도 있다.

밝은 느낌의 정물화, 풍경화 액자 걸기

밝은 느낌의 정물화, 풍경화 액자는 현관으로 들어온 거친 기를 걸러서 부드럽게 순환시키는 역할을 한다.

슬리퍼 비치하기

슬리퍼는 사람의 흐름을 생기게 하는 작용이 있으므로 이것도 반드시 준비한다. 남편의 직장 일이 잘 풀리게 하려면 슬리퍼를 잘 갖추는 것도 방법이다.

조명에 신경 쓰기

조명등은 항상 밝아야 밖에서 들어오는 행운이 순조롭게 집안으로 흘러간다. 따라서 불이 켜지는 시간이 너무 짧은 자동 센서 조명이라면 시간을 길게 조정하고 어둡다면 밝은 등으로 교체해야 한다.

분홍색 꽃으로 꾸미기

행복은 사람을 통해 온다. 사람을 불러들이는 현관은 교제운을 좋게 하는 분홍색 꽃으로 꾸며본다.

현관문을 열었을 때 거울이 보이지 않게 하기

문을 열자마자 정면에 거울이 있는 것은 반드시 피한다. 집안에 들어오는 좋은 기가 반사되어 되돌아나갈 수 있고, 가족원의 이중적인 행동을 유발할 수도 있기 때문이다. 거울을 걸 경우 측면에 거는데, 이때는 전신 거울이 좋다.

현관에 대한 몇 가지 풍수의 진실

남향집의 남동쪽 현관은 최상의 주택이다

남향집베란다가 남쪽으로 있는 집에 현관이 남동쪽에 놓이면 가정에 부귀영화를 가져오는 생기 있는 집이다. 자녀들도 전문직 종사자로 성공하는 행운을 불러온다.

남향집에 이런 현관은 흉하다

남향집에 북동·북서·남서쪽 대문은 흉상이다. 건강에도 문제가 많고 사업도 실패할 수 있다. 이럴 때는 실내 가구의 색상이나 배치를 풍수적으로 바꿔줘야 한다.

동향집에 북쪽 현관은 운수대통한다

동향집에 북동쪽 대문이나 현관이 있는 집은 날로 돈이 쌓이고 자녀들도 미남, 미녀로 태어나 행운이 가득한 집안이 된다.

동향집에 서쪽 현관은 젊은이에게 불리하다

자녀들이 이성 문제로 부모의 속을 썩이는 게 이 동향집, 남쪽 현관의 특징이다. 자식뿐 아니라 부부 사이도 사치와 불륜 등으로 멀어질 수 있다.

아파트는 거실이 명당이어야 한다

거실을 서양에서는 리빙룸Living room이라 한다. 생활공간이란 뜻이다. 거실은 커뮤니케이션 공간이다. 어떤 집의 거실이 생기가 있으면 부부간 대화가 잘되고, 부모와 자식 간에도 소통이 잘된다.

거실은 가족 모두가 휴식, 대화, 독서, 손님맞이 등 다목적으로 다양한 생활을 함께 공유하고 유대감을 형성하는 중심 공간이기 때문에 풍수적으로 매우 중요한 장소이다. 현대 양택풍수에서는 침실보다 거실을 더 중요시한다. 거실은 가족 간 소통 공간이다. 거실이 생기가 있는 집은 가족 구성원 간 대화가 원활하고 이해를 하는 편이다. 반대로 거실의 생기가 나쁜 곳이면 부모와 자녀들 간의 대화가 단절된다. 사춘기의 아이들이 자기 방문을 걸어 잠그고 나오지 않는 것은 거실에 문제가 있기 때문이다.

전체적인 분위기

1) 현관과 베란다발코니를 통해 집안으로 들어오는 좋은 기운이 거

실에 모였다가 침실, 화장실, 주방 등으로 분산되는데 거실은 기氣의 변전소이자 플랫폼이다. 따라서 풍수인테리어에 맞게 꾸며야 가정 내에 좋은 기운이 퍼지고 화목한 가정을 만들 수 있다.

2) 거실의 전체적인 인테리어 색상은 차분하고 밝은색으로 꾸며야 한다.

3) 현재 거실의 인테리어가 전체적으로 어둡고 차가운 분위기라면 소파, 쿠션, 가구, 카펫 등 소품만이라도 밝은색으로 포인트를 주어 풍수적으로 보완한다.

4) 벽지: 화려하고 강렬한 색상과 무늬는 피하고 단순한 무늬에 따뜻하고 온화한 색, 밝은색, 아이보리색, 흰색으로 인테리어 한다. 벽지에 핑크색으로 포인트를 준다면 금전운이 올라간다.

5) 바닥: 밝은색의 원목 마루 바닥이 좋으며 바닥이 매우 어두운 색이면 기氣가 아래로 내려가 무기력하고 우울해질 수 있다. 여건상 어두운 바닥 색을 바꿀 수 없다면 벽지라도 밝은 파스텔톤으로 바꿔 풍수적으로 보완해야 한다.

6) 천장: 주택의 경우 높은 천장이 풍수적으로 좋으며 천장이 높으면 가족들의 건강운과 사회운이 좋아진다. 발코니베란다 확장 공사로 인해 발코니 쪽과 거실의 천장 높이가 다른 경우 건강 악화, 가정 불화, 금전적 고통 등이 발생하여 매우 좋지 않으므로 공사 시에 천장 높이를 똑같이 맞춘다.

방향에 따른 거실 인테리어

1) 거실은 집 전체에서 가운데에 위치해야 기의 흐름을 원활하게

하고 중심을 잡아 안정적이다.

2) 동쪽 거실은 하늘색과 같은 연한 파란색 계통 벽지에 천 소재의 소파를 놓다.

3) 서쪽 거실은 밝고 연한 갈색 계통 벽지에 고급스러운 분위기의 소파, 테이블, 식물 화분을 놓다.

4) 남쪽 거실은 핑크색 계통의 벽지에 보라색 계열의 꽃과, 쿠션 등 소품으로 인테리어한다.

5) 북쪽 거실은 아이보리미색 계통의 벽지에 밝은색의 화려한 가구를 둔다.

문·창문

1) 베란다 문은 거실 전체 면적에 비해 너무 작거나 크지 않은 크기로 중앙에 설치하는 것이 좋다.

2) 거실 창문은 최대한 큰 것이 풍수적으로 좋다. 거실의 채광과 통풍이 좋아야 운이 상승한다.

조명

1) 직접 조명보다는 간접 조명이 좋고, 메인 조명에 보조 조명을 추가하여 밝기를 조절할 수 있도록 한다.

2) 저녁이나 밤에는 거실 조명을 밝게 해야 운이 좋아져 가족들의 일이 잘 풀린다. 이 시간에 TV 불빛, 스탠드만 켜고 생활하면 가정 내 근심 걱정이 끊이지 않고 가족들의 건강운이 나빠질 수 있다.

3) 보조 조명스탠드의 소재는 천, 한지가 좋다. 스탠드는 소파 옆에 둔다.

가전제품·가구·소품

1) TV는 소파에 앉아서 시청하므로 직사광선을 피해 현관 쪽에 둔다. 오디오나 다른 전자제품은 동쪽, 동남쪽, 남서쪽에 배치하는 것이 좋으며 서쪽, 북서쪽은 피한다.
2) 스탠드 에어컨은 거실 모서리에 대각선으로 설치하고 근처에 화분을 두면 금전운이 좋아진다.
3) 값비싼 가구, 물건은 거실의 밝은 곳에 둔다. 어두운 곳에 두면 가정 내 금전적 고통, 불화가 발생할 수 있다.
4) 가구와 장식품은 여백을 두고 가능한 적게 둘수록 좋으며 꼭 필요한 가구만 배치한다.
5) 가구와 벽 사이, 가구와 가구 사이는 다닥다닥 붙어 있기보다 약간의 공간을 두는 편이 좋다.
6) 거실에 원목 가구, 자연과 관계된 소품을 두면 좋은 기운이 들어와 가정이 평안해진다.
7) 오래된 신문, 잡지를 쌓아두지 않는다.
8) 거실의 동쪽에 시침 소리가 나는 시계를 두면 좋다.
9) 거실에는 큰 거울을 달지 않는다.

소파

1) 풍수적으로는 현관을 바라보는 대각선으로 배치하고 서쪽에 두

는 것이 가장 좋다.

2) 소파 근처에 문이 있거나 문을 정면으로 바로 마주 보는 것은 좋지 않다.

3) 현관에서 거실로 들어갈 때 소파에 앉아 있는 사람의 뒷모습이 바로 보이지 않도록 배치한다.

4) 소파의 색상은 베이지, 연한 갈색, 연한 녹색 계열의 밝은색으로 고른다.

5) 소재는 패브릭 소재가 가장 좋고 다음으로 가죽 소재가 좋다.

6) 소파의 모양은 ㄱ자, ㄷ자 형태로 배치하는 것이 좋다. 一자 모양으로 배치하는 것은 좋지 않다.

7) 거실 전체 크기와 비교하여 적당한 사이즈의 소파가 좋다. 너무 크거나 고급스러운 것은 좋지 않다.

테이블

1) 나무 소재의 원형 또는 직사각형 테이블이 좋다.

2) 나뭇결이 살아 있다면 테이블보 없이 그대로 사용하는 편이 좋다.

3) 유리, 대리석 소재 테이블은 차가운 성질의 기氣를 반사하기 때문에 특히 젊은 사람들은 사용하지 않는 게 좋다. 어쩔 수 없이 써야 한다면 천으로 된 테이블보를 덮어 사용해야 한다.

커튼·카펫

1) 커튼은 면 소재에 소파의 색과 어울리는 밝은색으로 하여 거실 전체 분위기를 밝게 하면 좋다.

2) 거실 커튼은 암막 커튼을 피하고 적당히 햇빛이 들어올 수 있도록 이중 커튼으로 설치한다.
3) 커튼은 창틀 위쪽으로 설치하여 통풍이 잘되게 하고 건조하고 깨끗한 상태를 유지한다.
4) 카펫은 천연 소재의 모직이 좋으며 주기적으로 청소하여 먼지를 제거해야 한다.
5) 어두운 카펫, 매트는 거실의 기氣가 아래에 머무르게 되므로 되도록 밝은색을 고른다.

식물

1) 거실에 두는 화분은 키가 작은 관엽식물을 놓는다. 크기가 큰 식물이나 나무, 덩굴식물은 좋지 않다.
2) 건강한 관엽식물을 거실에 두면 참을성이 없거나 성격이 급한 가족들이 차분해지는 데 도움이 된다.
3) 잎이 많은 식물이나 향기가 좋은 꽃 화분을 거실에 두면 애정운이 좋아진다.
4) 꽃 중에서도 장미꽃, 모란꽃은 명예운, 재물운, 부부운이 좋다.
5) 잎이 마르고 시든 꽃, 먼지 쌓인 조화 등은 나쁜 기운을 내뿜기 때문에 좋지 않다.
6) 거실 구석에 식물 화분을 두면 밖에서 쌓인 나쁜 기운과 스트레스를 해소시킬 수 있으며 심리적으로 안정되어 건강에 도움이 된다.
7) TV 옆 양쪽에 적당한 크기의 식물 화분을 두면 좋다.

8) 같은 곳에 비슷한 종류의 식물을 많이 두면 기 흐름에 방해가 되어 좋지 않다.

그림·사진

1) 소파 뒤 벽면에 걸면 좋은 그림: 산, 숲과 같은 녹색 풍경화나 가족사진이 좋다.
2) 산 그림은 재물운, 명예운이 상승한다.
3) 꽃 그림은 애정운, 연애운이 상승한다.
4) 가족 중에 공직자가 있다면 청렴함을 뜻하는 소나무나 곧은 대나무 그림, 사진을 걸어두면 좋다.
5) 거실에 인물화나 추상화를 걸어두는 것은 좋지 않다.
6) TV 위 벽에는 그림, 사진을 걸지 않는 편이 좋다.

운을 부르는 거실 풍수인테리어

1) 사업운을 높이고자 한다면 거실이 동쪽에 위치해야 한다.
2) 금전운을 높이고자 한다면 산 그림, 둥근 모양의 소품이나 가구를 놓는다.

   예) 동그란 액자, 곡선 프레임 소파 등. 또한 잔잔한 물이 있는 호수, 풍경화, 황금색노랑색이 가미된 카펫은 재물운, 금전운을 높여준다.
3) 취업운을 높이고자 한다면 거실 동쪽에 시침 소리가 나는 시계를 걸고 남쪽 창문에 관엽 식물을 놓으면 좋다.
4) 건강운을 높이고자 한다면 거실의 벽지를 밝은색으로 바꾼다.

거실은 식구들이 가장 많은 시간을 머무르는 곳으로, 채광이 잘되게 하고, 밝은색으로 꾸며서 심리적으로 편안하고, 안락한 느낌을 주는 것이 좋다. 거실은 집안의 화목과 행복을 담당하는 공간으로, 인테리어에도 신경을 많이 쓰는 게 좋다.

거실의 가구와 종류

1) 원목가구

원목의 가구는 행운을 가져다준다. 부드럽고 따뜻한 느낌의 원목가구로 거실인테리어를 꾸미면 아늑한 분위기와 함께 복도 잘 들어온다.

2) 중후하고 미려한 가구

풍수인테리어에서 소파나 거실 가구를 중후하고 미려한 분위기로 꾸미면 복을 많이 불러올 수 있다고 한다. 특히, 북서쪽에 이 가구들을 두면 큰 힘을 발휘할 수 있다. 단, 지나치게 호화스럽거나 화려한 가구는 운을 감소시킨다.

3) 깔끔한 수납

바닥에 장난감이나 작은 인형들, 잡지책 등 생활용품이 늘어져 있으면 복이 들어오기 힘들다. 수납 박스나 수납장을 이용해 정리하면 복도 잘 들어오고 늘 깔끔하게 생활할 수 있다.

4) 패브릭

커튼, 쿠션, 러그 등 패브릭은 하나는 무늬가 있는 것 또 다른 하나는 단색으로 이루어진 깔끔한 것으로 선택하면 음양의 밸런스를 맞출 수 있어 좋다. 거실 창은 반짝반짝 늘 깨끗하게 유지하고, 낮에는 커튼을 걷어두어 기운이 잘 들어오게 한다. 거실 커튼은 화사하고 밝은색을 고른다. 기운이 없을 때 라벤더색을 이용하면 기운을 북돋아 주는 효과가 있다. 라벤더색의 꽃을 이용해도 같은 효과를 낼 수 있다.

5) TV, 라디오

TV, 라디오 등 정보를 전달해 주는 매체는 동쪽에 두면 좋다. 풍수인테리어에서는 정보를 전달해 주는 매체를 동쪽에 두면 좋은 소식이 많이 들려온다. 단, 비밀을 이곳에서 이야기하면 잘 새어나갈 수 있다고 하니 비밀 이야기는 피한다.

6) 화분

풍수인테리어에서 화분이나 생화 등 식물을 두면 나쁜 액을 흡수해 준다. 식물이나 생화를 두어 좋은 기운은 남기고 나쁜 액은 없앤다. 관엽식물은 창조적인 재능을 키워 준다. 한쌍으로 맞추어 남쪽에 두면 큰 힘을 발휘한다. 화분을 통해 액도 없애고 거실 인테리어를 아름답게 가꾸어 보자.

7) 조명

금전운을 높이려면 화려한 조명이 좋다. 거실 인테리어를 화사하고 우아하게 만들어주는 화려한 조명을 통해 금전운도 높이고 인테리어 효과도 주어 보자.

좋은 기운을 부르는 안방 풍수인테리어

사람은 일생의 4분의 1 내지는 3분의 1이나 되는 많은 시간을 잠을 잔다고 한다. 100세를 산다고 하면 25~33년 동안 잠을 잔다는 계산이다. 수면은 몸의 피로를 회복시켜 주고 생체 리듬을 유지해 주기 때문에 충분한 시간 동안 양질의 수면을 취하는 것은 우리의 건강에도 도움이 된다. 인간은 수면을 지배하고 콘트롤하면 성공적인 삶을 산다고 한다. 이토록 중요한 수면에 영향을 주는 안방, 침실풍수에 대해 알아본다.

안방은 말 그대로 집의 안쪽에 위치하여 주로 안사람이 사용하는 공간을 말한다. 사생활을 보호하고, 개인의 독립적 생활을 위한 사적 공간이며. 잠을 자는 침실 등으로 쓰인다.

안방: 프라이버시 확보와 안락함

요즘 안방이 주는 효용은 방해받지 않는 편안함과 안락함이다. 예전 안방의 기능은 수면, 손님맞이, 식사, 휴식 등 여러 용도로 사용됐으나, 최근의 경향은 침실의 기능이 강화되어 프라이버시에 중점을 둔다. 주택의 여러 가지 기능 중에서 가장 중요한 것은 편안한 휴식이다. 낮 동안의 치열한 경쟁에서 누적된 피로를 풀어주고 삶의 충전, 휴식을 취하고 잠을 자는 공간이다. 생기가 많은 공간에서 잠을 자면 충전이 잘되고, 그렇지 못한 경우에는 쉬이 피로를 느껴 왕성한 활동을 할 수 없다. 따라서 집에서 생기가 가장 많이 모이는 곳에 주로 안방을 배치한다.

안방의 크기는 활용도와 가구에 따라 달라진다. 기본적으로 12자 장을 배치할 수 있는 너비의 벽면을 확보하는 것이 좋다. 최근에는 외국에서 많이 적용되는 마스터룸의 영향으로 안방에 별도의 침실과 전용 화장실, 드레스 룸과 파우더 룸을 두어 많은 면적을 할애하는 추세이다. 안방이 침실을 겸하는 경우에는 출입문을 열 때 바로 침대 자리가 보이지 않도록 배치해야 한다. 안방에 배치하는 가구는 이불장, 옷장 또는 붙박이장, 문갑, 화장대, 서랍장, 장식장 등이다.

안방은 집안의 콘트롤타워이다. 콘트롤타워가 능력이 없거나 권위가 없으면 콩가루 집안이 된다. 안방은 좋은 위치에 있어야 한다. 가장家長은 집안을 대표하는 지위의 상징이다. 당연히 안방에 기거해야 안정된 가정을 만들 수 있다. 자녀 공부방이 좁다는 이유로 자녀들에게 안방을 내어주고 가장이 작은 방을 사용하면 가장으로서 역할을 못하게 될 뿐만 아니라 점점 왜소해지고 소외되어 가정의 불행은 물론 사업도 어려움에 처하게 된다.

안방은 집안의 중심이다. 집 중앙에서 현관문을 보고 측정한 방위를 기준으로 동사택東四宅과 서사택西四宅으로 나눈 다음 같은 사택 방위에 있어야 좋으며, 아버지를 상징하는 건방乾方, 서북방 또는 어머니를 뜻하는 곤방坤方, 서남방에 있으면 더욱 좋다.

안방은 대문 또는 현관문과 일직선으로 마주 보고 있으면 좋지 않다. 밖에서 안방이 보이지 않도록 하고 불가피한 경우에는 중문이나 경량 칸막이를 설치하는 것이 좋다.

침실: 정적인 곳을 찾아 편안하게

침실의 주 기능은 수면과 휴식이므로 가장 정적이며 프라이버시가 필요한 공간이다. 따라서 사용 빈도가 높은 동선 가까이 배치하지 않는 것이 좋다.

침실의 창은 아침 동쪽의 햇살을 받아들이도록 하되, 조망과 채광보다는 편안한 실내 분위기를 위해 너무 크게 내지 말고 단순하고 절제된 것이 좋다. 모든 침실의 창을 동쪽으로 낼 수는 없으므로 편안한 성질의 빛을 받아들이는 북쪽에 창을 내도 좋다. 서쪽 창이라면 오후의 직사 일광이 강하므로 조망은 확보하되 커튼이나 블라인드 등으로 보완해야 한다.

동쪽의 침실은 왕성한 활동력과 넘치는 의욕으로 적극적인 생활이 가능하게 하므로, 비지니스맨이나 젊은 사람들에게 좋다.

서쪽의 침실은 주업보다는 부업, 큰 사업보다는 작은 사업에서 흥興하는 기운氣運이며, 휴식과 숙면에 적당한 침실 방향으로 어른, 아이에게 모두 좋다.

남쪽의 침실은 밝고 강력한 기운이라 깊은 수면이 힘드니 가급적 어둡게 해야 한다.

북(水)
추위, 어둠, 죽음
겨울, 신장, 방광
밤, 검은색, 지혜
동북(土)
냉한 추위, 어둠
늦은 겨울, 이른 새벽
비장, 황색, 믿음
동(木)
봄, 아침, 태어남
따뜻함, 간, 담
녹색, 어진 성품
동남(土)
습함, 늦은 아침
늦은 봄, 위장
믿음, 황색
남(火)
더위, 밝음, 낮
여름, 심장, 소장
붉은색, 예의
남서(土)
뜨거움, 오후
늦은 여름, 황색
믿음, 비장
서(金)
서늘함, 가을, 폐
대장, 흰색
저녁, 의리
서북(土)
건조함, 위장
황색, 믿음, 늦은 저녁
늦은 가을
8방 배치도

북쪽의 침실은 숨은 기氣의 혜택으로 신뢰나 큰 성공을 약속하는 방향이며 안정된 기운氣運이 실내에 감돈다.

침대

안방의 침대는 출입문과 대각선 형태를 이루도록 약간 비껴서 두는 것이 좋다. 그러므로 안방의 기氣와는 엄연히 다른 거실의 기氣가 안방으로 들어와 부드럽게 순화할 수 있는 시간과 공간을 갖게 된다. 만약 안방 문을 열자마자 맞은편에 침대가 있다면 덜 순화된 기氣가 쏟아져 들어오게 된다. 풍수지리風水地理에서는 이를 충살衝殺이라 하여 매우 흉凶한 것으로 본다.

침대 위치는 문을 바라볼 수 있도록 설치하며 침대 머리 부분이 창문을 향하는 것이 가장 좋으나 그렇지 못할 때는 창문이 있는 면과 약간의 간격을 두어 평행을 이루도록 한다.

침대는 벽에서 최소한 20-30cm 정도 떨어지게 하는 것이 좋다. 단, 이때는 반드시 창문 쪽 벽과 침대 사이에 공간을 띄워 스탠드나 협탁을 두는 것이 좋다. 벽의 온도와 방안의 온도는 차이가 있으므로, 서로 다른 온도를 가진 기氣가 충돌했을 때는 기氣가 교란攪亂되어 불안정하게 된다. 벽에 바짝 붙은 침대에서 잠을 잔다면 건강에 해롭고 화禍를 자초하게 된다.

목제침대가 무난하며 물침대나, 철재 프레임 침대는 음陰의 기운이 강하므로 따뜻한 색상의 침대 커버로 양陽의 기운을 보충해야 한다.

침대 머리 모양은 단조로운 것이 좋다.

젊은 사람들에게는 완만한 곡선 형태가 좋고, 중장년층은 일직선이 좋다. 복잡하게 꺾이고 구부러진 것은 삶을 격렬하고 굴곡지게 만들 수 있고, 천을 드리운 모습은 사람의 감정을 복잡하게 만드므로 가능한 피하도록 해야 한다.

침실 무엇을 조심해야 하나

1) 침실 안 화장실 일직선상에 침대를 두지 말고 그것과 비켜서 자야 한다. 화장실의 습기, 냉기가 나쁜 것은 당연하다. 화장실이 딸린 경우에는 화장실 안에 나쁜 기운을 흡수하는 꽃을 꽂아 둔다.
2) 침실에는 가장의 키보다 작고 잎이 많은 화분이나 스탠드를 함께 두면 좋다.
3) 원칙상 침실에는 전자제품을 두지 말아야 한다. 기의 흐름을 방해하며 수면 중 생체 리듬을 깨게 하기 때문이다.
4) 꽃이 핀 화분은 침실에 절대 놓지 않는다. 침실에 꽃이 있으면 반경 1미터 내의 기를 빨아 들이기 때문이다. 침실 출입문 부근과 창가에는 꽃이 피지 않는 싱싱한 난을 두어 침실의 기운을 생생하게 한다
5) 부부 사이가 멀어졌다면 초록 식물을 침대의 발치에 둔다. 특히 안정의 기가 있는 줄기가 늘어진 덩굴식물이라면 더욱 좋다. 또 '변함없는 지속성'의 기가 있는 둥근 탁상시계도 사랑을 불러일으킬 수 있는 좋은 아이템이다.
6) 솜 인형은 연애나 결혼운을 분해하는 작용을 하므로 베개 주변에는 놓지 말아야 한다.

7) 검은색 계열의 커튼이나 벽지도 피해야 한다. 자는 동안 커튼을 열어놓으면 애정운이 달아나 버리기 때문에 반드시 닫도록 한다. 커튼은 이중 커튼이 이상적이다.
8) 침대의 상반신 부분을 어지럽게 하면 애정운이 달아나 버리고 하반신 부분이 어지러우면 잡다한 기를 받아들이기 때문에 특별한 목적을 가진 기 인테리어 처방에 아닌 경우에는 피해야 한다.
9) 침대 머리가 창문과 평행으로 놓인 경우에는 침대와 창문 사이에 작은 테이블이나 의자 등을 놓아서 공간이 있도록 한다.

머리 방향

침대 머리 방향은 회두극좌回頭剋坐라는 풍수이론이 있다. 머리를 두면 안 되는 방향이다.

침실 안에 화장실이 있는 경우에는 화장실 방향으로 머리를 두면 화장실의 음습한 기운이 사랑의 감정을 퇴색시키고, 건강에도 좋지 않다. 출입문 쪽으로 머리를 두고 자면 건강이나 진로에 문제가 생길 수 있다. 주방 쪽으로 머리를 두고 자면 뜨거운 기운을 가지고 있으므로 열받는 일이 생길 수 있다.

일반적으로 사람들이 북쪽으로 머리를 두고 자면 좋지 않다고 하지만, 낭설이다. 오히려 건강에도 좋고 교제운交際運도 상승한다.

잠자는 몸의 위치는 방의 길이가 긴 방향으로 하면 좋다. 기氣는 긴 방향으로 흐르기 때문에 잠을 잘 때는 긴 방향으로 나란히 자야 좋다.

자신의 머리를 둘 수 없는 방위(회두극좌표)								
중中	서북쪽	서쪽	동북쪽	남쪽	북쪽	남서쪽	동쪽	남동쪽
1924 1984	1925 1985	1926 1986	1927 1987	1928 1988	1929 1989	1930 1990	1931 1991	1932 1992
1933 1993	1934 1994	1935 1995	1936 1996	1937 1997	1938 1998	1939 1999	1940 2000	1941 2001
1942 2002	1943 2003	1944 2004	1945 2005	1946 2006	1947 2007	1948 2008	1949 2009	1950 2010
1951 2011	1952 2012	1953 2013	1954 2014	1955 2015	1956 2016	1957 2017	1958 2018	1959 2019
1960 2020	1961 2021	1962 2022	1963 2023	1964 2024	1965 2025	1966 2026	1967 2027	1968 2028
1969 2029	1970 2030	1971 2031	1972 2032	1973 2033	1974 2034	1975 2035	1976 2036	1977 2037
1978 2038	1979 2039	1980 2040	1981 2041	1982 2042	1983 2043	1984 2044	1985 2045	1986 2046

방문을 열었을 때, 남편이 침대 안쪽에서 자는 것이 좋다. 침대 안쪽이 생기生氣가 솟는 지점이기 때문이다. 집안을 이끄는 가장家長이 이 지점에서 자야 온 가족을 책임질 수 있는 역할을 충분히 수행할 수 있다. 가장 좋은 위치는 침대를 방문과 대각선상에 놓고 남편이 안쪽에서 자는 것이다. 그리고 남좌여우男左女右를 지키는 것이 좋다.

침구류

침실은 화이트나 아이보리처럼 연한 색으로 하고 여기에 그린이나 블루컬러 패브릭으로 하는 것이 적당한다. 베개는 검은색이나 단색은 삭막한 관계를 만드므로 피하는 것이 좋다. 좋은 결혼 상대자를 만나고 싶으면 따뜻한 색 계열의 꽃무늬 커버가 좋고, 부부운夫婦運을 상승시키고 싶다면 노란색이나 녹색 계열의 커버가 좋다.

그린색 침구류는 마음을 차분하게 하여 다툼이나 대립 관계를 낮춰주고, 블루색 침구류는 몸의 피로를 덜어주어 숙면을 취하게 하여 건강운健康運을 높여주며, 노란색 침구류는 금전운金錢運을 높여준다.

침구 색깔이나 문양이 화려하면 부부 사이가 나빠질 수 있다. 침대 커버의 화려한 무늬가 아내 또는 남편의 인물을 더 초라해 보이도록 만들기 때문에 서로 쳐다보지 않게 되는 것이다. 확률상으로도 남자가 바람 피울 확률이 높다. 그러므로 기혼자에게는 안 좋으나, 미혼자에게는 연애운戀愛運을 높여준다.

조명

침실의 조명은 적당해야 하며, 사각의 조명등보다는 둥근 형태의 조명등으로 빛을 부드럽게 해주는 것이 좋다.

안방의 밝음 정도는 집안 분위기에 상당한 영향을 준다. 안방이 밝으면 집안 식구들이 서로 격의 없이 화목하고 개방적인 분위기를 만든다는 점에서는 매우 효과적이나, 부富를 축적하는 면에서는 그리 긍정적이지 못한다. 안방이 어두워야 재물이 쌓인다. 재물은 음陰에 해당되는데, 이것은 재물이 약간 어두운 부분에서 만들어지기 때문이다. 너무 밝은 곳은 노출되는 형태이므로 재물이 모이지 않다.

커튼

안방에 커튼을 설치하면 과도한 일조량을 차단하여 알맞게 어둡게 하는 것이 숙면에도 좋고 재물운財物運에도 좋다. 커튼은 침실의 기운氣運을 좌우하는 중요한 요소로 작은 창이라도 이중으로 설치하는 것이 좋다. 얇은 직물과 레이스의 이중 커튼을 달면 좋은 기氣를 남기고 나쁜 기氣는 걸러내는 효과가 있다. 또한 외부와 방안 사이의 온도 차도 줄일 수 있다.

계절에 맞지 않거나 먼지가 가득한 커튼은 좋지 않다. 2~3년에 한 번씩 새것으로 바꾸는 것이 좋고 레이스나 면이 좋다. 밝고 깨끗한 컬러가 기氣의 흐름을 좋게 한다. 침실의 동쪽에 창이 있다면 핑크 계열이 좋고, 남쪽에 있다면 그린 계열이 좋다. 서쪽의 경우라면 베이지나 그린이 좋은데, 석양빛을 차단하도록 두꺼운 천을 사용하는 것이 좋다. 북쪽이라면 레드, 핑크, 오렌지 색상이 좋다.

침실의 소품

1) 안방의 큰 거울이나, 침대 발치에 놓인 거울은 기氣를 반사하여 사람의 기氣를 다치게 할 우려가 있다. 침대에서 자신의 모습이 비치지 않는 곳에 설치하는 것이 좋으며, 지나치게 크지 않는 것으로 해야 한다.
2) 안방에 테이블을 둘 때는 원형 탁자가 좋다.
3) 침실에 전자제품을 두면 기氣의 흐름을 방해해 숙면을 취하기가 어렵다. 또한 TV뿐 아니라 오디오나 게임기 등 사람이 뭔가 집중할 만한 가전제품은 두지 않는 것이 좋다. 눈과 머리, 마음이 온통 TV에만 고정하게 되므로 부부 사이에 서로 대화가 없어지므로, 결국 부부 사이도 나빠지기 쉽다.
4) 침실 벽에는 되도록 시계나 그림을 걸지 않고 여백을 두는 것이 좋다. 벽에 못질한 곳이 많으면 자식에게 안 좋은 영향을 미친다. 침실의 못 자국은 자녀의 진로를 방해한다는 의미가 있다. 시계나 액자 등도 가급적 걸지 말고, 만약 건다면 한두 개만 거는 것이 좋다.
5) 시계가 필요할 경우 침대 옆 협탁에, 원형이나 팔각형의 탁상용 시계를 두면 좋다.
6) 침실에는 부부 사진을 놓는 것이 좋으며 혼자 찍은 사진은 애정운愛情運에 좋지 않다. 가족사진이나 아이 사진은 거실에 거는 것이 좋다.
7) 세워놓는 옷걸이나 벽걸이 옷걸이는 되도록 침실에 두지 않는 것이 좋다. 밖의 나쁜 기氣가 옷에 묻어 들어올 수 있는데 옷걸

이를 침실의 보이는 데 놔두면 나쁜 기氣가 미쳐 좋지 않으니, 옷은 반드시 장롱 속에 넣는 것이 좋다.

8) 화초나 식물은 침실에 두지 않는 것이 좋다. 식물은 저녁에 산소를 흡수하고, 이산화탄소를 배출하므로 잠잘 때 건강에 좋지 않다.

9) 침실에 너무 많은 장식품을 두면 기氣를 산만하게 한다. 외국여행 중 구입한 토산품, 인형, 조형물이나 십자가, 성모상 등은 침실보다는 거실이나 서재에 두는 것이 좋다.

10) 한쌍의 물건 중에 하나만 갖고 있는 것은 좋지 않다. 쌍을 이루고 있던 물건의 어느 한쪽을 잃어버렸다면 나머지 하나만 보관하지 말고 처분하는 것이 좋다.

11) 석류 열매나 복숭아, 오렌지색의 소품은 아이를 상징하므로 2세 계획을 세우는 데 도움을 준다. 석류 그림이나 오렌지색의 꽃을 장식하는 것도 비슷한 효과를 낸다.

12) 물건을 겹겹이 쌓아두면 좋지 않다. 침대 옆 사이드 테이블 위, 화장대 위, 서랍장 위 등에 물건을 쌓아두지 않도록 한다. 특히 장롱 위에 쌓아두면 기氣가 순환을 못해 가족 건강에 해롭다. 풍수인테리어에서는 여백을 중시하므로, 조금 빈 듯한 공간이 풍수상으로는 최고다.

가족의 건강을 좌우하는 주방 풍수

가족의 건강과 금전운을 지배하는 곳, '물'과 '불'이 공존하는 곳이기 때문에 풍수상의 조화를 맞춰주는 것이 중요하다.

1) 시계를 걸어둔다.

주방에 시계를 걸어두면 금전운이 상승한다. 싱크대에 부착하는 음향기기라디오·TV는 등 뒤에 오도록 배치한다.

2) 흰색 도기 그릇을 사용한다.

도기는 음양의 조화가 깨지기 쉬운 주방에 가장 적합한 그릇이다. 특히 항상 사용하는 밥그릇은 흰색을 선택해 다양한 기운을 원만하게 수용할 수 있도록 한다. 나무 그릇도 추천한다.

3) 조리 기구는 싱크대 아래에 둔다.

'물'을 사용하는 싱크대 아래에는 '불'의 기운을 지닌 조리 도구를 두는 것이 좋다. 서로의 기운을 견제할 수 있다. 식품은 '불'을 사용하는 가스레인지 아래에 두는 것이 좋다.

4) 칼꽂이를 사용한다.

주방의 칼을 내놓은 상태로 두면 금전과 관계된 고민이 끊이지 않는다. 또한 사고의 위험도 있으므로 칼은 반드시 보관함에 넣어둔다. 금속으로 된 숟가락이나 포크 등은 제대로 정돈해야 한다.

5) 냉장고 문에 다닥다닥 자석을 붙이지 않는다.

스케줄, 메모를 붙여놓는 것은 좋지만, '음식 창고'에 지나치게 많은 물건을 붙이면 돈을 부르는 운이 빠져나간다. '불'의 기가 강한 주방에 지갑을 놓는 것도 금물이다. '불'이 '금金'을 연소시켜 금전운을 날려버린다.

6) 식탁은 벽에 붙이지 않는다.

공간이 좁더라도 식탁은 가능한 한 벽에 고정하지 않는다. 벽이 기의 흐름을 막기 때문이다. 공간상의 제약이 따른다면 차라리 상을 펴고 먹는 것이 낫다. '풍수'를 기준으로 보면 식탁은 나무 재질에 둥근 것사람을 불러모으는 힘이 좋다.

7) 식탁 위에는 약을 두지 않는다.

식사 후 제때 챙겨 먹기 위해 약봉지를 올려두는 경우가 많다. 그러나 식탁 위에 약을 올려두는 것은 약 먹을 일을 불러들이는 것과 마찬가지다.

8) 가스레인지는 모서리에 두지 않는다.

'불'의 기운이 있는 것은 모서리나 동북방에 두지 않는 것이 원칙이다. 모서리에 가스레인지를 두면 화재가 일어나 병을 앓게 될 위험이 있다.

욕실과 화장실이 좋아야 행복하다

부부간의 애정 문제에 영향을 미치는 장소가 욕실이다. '물'의 기운을 갖고 있어 가족의 건강운과도 밀접한 관계가 있다.

1) 욕실의 문을 장식한다.

문 옆에 난 화분을 두거나, 문에 밝은 색채의 소품을 걸어두면 나쁜 기운을 차단할 수 있다. 창이 없는 욕실일 경우, 좋은 운을 불러들이기 위해 붉은 계열의 꽃 화분을 둘 것을 추천한다.

2) 밝은 타일을 붙인다.

고여 있는 탁한 기를 풀어주기 위해 욕실은 밝게 꾸며주는 것이 좋다. 깨끗한 흰색이나 연겨자색이 무난하다.

3) 욕실의 문은 기본적으로 닫아둔다.

현관문을 열었을 때 바로 변기가 보인다면 나쁜 기운에 노출되기 쉽다. 이런 경우, 환기나 습기 제거를 위한 경우 외에는 욕실의 문을 닫아두어야 한다. 변기 뚜껑을 항상 잘 닫아두는 것도 한 방법이다.

4) 자질구레한 물건 없이 깨끗이 정돈한다.

세면대 주변에 여분의 물건이 없도록 정리하여, 거울에 비치는 물건이 없는 것이 좋다. 더러워진 옷을 그대로 쌓아두면 좋은 인연이 생기는 것을 방해하므로 세탁물 바구니를 사용한다.

5) 샤워커튼은 달지 않는다.

좁고 막혀 있는 공간인 욕실에 샤워커튼을 다는 것은 기의 흐름을 완전히 차단시키는 일이다. 수납을 위해 여러 개의 선반을 다는 것도 기의 흐름에 방해가 되기 때문에 좋지 않다.

6) 욕조에 물을 받아두지 않는다.

욕실의 습기는 음기를 불러모으는 요인이다. 샤워 후에는 창을 열어 환기하고, 욕조에 고인 물도 곧바로 뺀다. 세탁용으로 활용하고자 한다면 가급적 빨리 사용한다.

7) 젖은 타월을 방치하지 않는다.

축축하게 젖어 있는 타월은 운기를 떨어뜨리니 항상 보송보송하게 말려 사용하도록 한다. 타월의 색은 흰 것이 가장 좋지만, 옅은 색상이라면 어떤 색이라도 크게 문제 될 것 없다.

8) 화려한 꽃무늬, 강한 무늬의 매트는 사용하지 않는다.

욕실 앞 매트는 남편의 운과 관계 있는 소품이다. 지나치게 낡을 때까지 사용하면 남편의 기운이 저하되고, 화려한 매트를 사용하면 남편이 집에 잘 안 들어오는 일이 생긴다.

현대판 맹모삼천지교 자녀 공부방 풍수

단순한 침실이 아니라, 학습과 휴식을 겸하는 장소이기 때문에 방위와 가구의 배치에 주의를 기울여야 한다.

1) 방에 사람이 없을 때는 문을 열어둔다.

공간에 사람이 없으면 기의 흐름은 정지하게 된다. 방안에 쌓인 나쁜 운을 배출하고, 좋은 운을 새로 받아들이기 위해 비어 있는 방은 항상 문을 열어둔다.

2) 현관과 가장 가까운 좌측에 아이 공부방을 배치한다.

이곳은 침착하고 주도면밀한 기가 작용하는 곳이다. 아이가 온순하고 침착한 성격을 갖게 될 뿐만 아니라, 학습 능력도 배가 된다. 책상이나 책꽂이 등은 한곳에 가지런히 모아서 배치하면 아이가 산만해지지 않는다

3) 책을 가로로 쌓아두지 않는다.

책상 위, 책꽂이에 가로로 쌓아두는 책들은 운의 흐름을 가로막는 장애물이다. 공부 잘하는 아이로 키우고 싶다면 당장 정리

정돈 습관부터 가르친다.

4) 방의 입구에는 큰 가구를 놓지 않는다.

방문 입구에서부터 창으로 흐르는 기를 막지 않기 위해, 문 옆에는 커다란 수납 가구를 놓지 않도록 한다. 방안에 가구를 배치할 때에는 컴퓨터에서 나오는 전자파를 고려하는 것도 중요하다.

5) 벽에는 장식물을 많이 걸지 않는다.

침실 벽에는 되도록 못 자국을 내지 않는 것이 상책이다. 벽에 생긴 흠 하나하나가 가족의 앞길에 장애물로 작용하기 때문이다. 공간이 너무 허전하게 느껴진다면 시계 한 개나 풍경화 한 점 정도만 건다.

6) 지나치게 바깥에 나가 노는 자녀라면 아이 책상을 북쪽에 놓는다.

7) 아이를 총명하게 키우는 방위는 동쪽이다.

8) 잠자는 방향은 되도록 동쪽을 바라본다.

9) 만약 동쪽이 어렵다면 남쪽도 무난하다.

10) 책상과 창문이 서로 마주 보게 하지 마라.

창문으로 들어오는 바깥 기운이 세다 보니 공부방의 실내 균형이 깨지면서 지구력을 상실케 하여 자녀에게 좋지 않은 기를 전할 수 있다.

11) 침대와 벽 사이를 최소한 20-30cm 정도를 때어 놓아라.

12) 넓은 방은 피하라.

외로움을 타기도 하고 새로운 일에 겁부터 먹는다. 대인관계에 불편한 일이 잦다.

13) 침대 위의 천장이 지나치게 낮으면 좋지 않다.
사람을 압박하는 형상이니 병을 앓거나 소외감이 큰 아이로 자란다.

14) 침대 머리 방위는 일반적으로 동쪽이나 남쪽이 이상적이지만, 체질에 따라 다르게 정할 수 있다.

15) 자녀 방에 너무 많은 책을 꽂아둔다거나 옷을 많이 걸어두는 일은 삼가는 것이 좋다.

16) 환기는 자주 하여 탁한 기운이 몰리지 않도록 유의한다.
환기가 잘 안 되는 겨울철에는 취침 시 유리병 등에 맑은 물을 떠놓아 가습기 역할과 동시에 탁한 기를 정화할 수 있다.

풍수인테리어 아이템

오행이란 자연 속에 존재하는 목木, 화火, 토土, 금金, 수水 다섯 가지 기를 뜻한다. 풍수인테리어란 바로 자연의 기본 법칙인 음양오행에 기초하여 집안을 꾸미는 방법이다. 상생의 원칙에 따라 음양오행이 서로 조화를 이루도록 꾸미면 집안의 운세가 높아지고, 상극의 길을 따라 서로 대립되게 꾸미면 운세가 떨어지게 된다. 때문에 기가 상생할 수 있도록 집안을 꾸미는 것이 풍수인테리어의 핵심이다.

운세를 열어주는 방위와 컬러

풍수인테리어를 하기 위해서는 방위의 역할을 정확히 알고 이에 맞는 컬러를 사용하는 것이 중요하다.

1) 북서쪽은 金의 기운이 지배하는 곳으로 집주인의 운세를 쥐고 있는 방위다. 운세를 향상시키기 위해서는 북서쪽에 고급스러운 물건을 배치하고 여성은 핑크, 남성은 크림색을 사용하는 것이 좋다.

2) 북쪽은 水의 기운이 지배하는 곳으로 사람 사이의 신뢰를 나타내는 방위다. 방위의 성격상 차가워지기 쉬우므로 따뜻하고 밝은 이미지의 인테리어로 꾸미는 것이 포인트. 여성은 핑크, 남성은 그린을 사용하는 것이 좋다.

3) 북동쪽은 土의 기운이 지배하는 곳으로 부동산운이나 전직운 등 새로운 운세를 탄생시키는 방위다. 북동 방위가 오염되면 생활에 나쁜 변화가 생길 수 있으므로 항상 깨끗이 청소하고 정리·정돈에 만전을 기하도록 한다. 색은 청정 효과를 촉진시키는 흰색을 중심으로 기를 활성화시켜 주는 적색을 더해준다.

4) 동쪽은 木의 기운이 지배하는 곳으로 젊음이나 발전운이 머무는 장소다. 목의 기는 정보나 소리에 의해 순환이 더욱 활성화되므로 오디오나 TV, 전화는 동쪽에 놓는 것이 좋다. 여성은 물색, 남성은 청색을 사용하는 것이 좋다.

5) 동남쪽은 木의 기운이 지배하는 곳으로 결혼운이나 연애운 등에 영향을 끼친다. 연애운을 상승시키려면 꽃병을 악센트로 배치하고, 패브릭은 오렌지나 황록을 포인트 컬러로 배합하는 것이 좋다.

6) 남쪽은 火의 기운이 지배하는 곳으로 녹색이나 나뭇잎 무늬를 사용하면 나쁜 기를 없애는 효과를 얻을 수 있다. 단, 수의 기를 갖고 있는 흑색은 기의 밸런스를 붕괴시키기 때문에 사용하지 않는 것이 원칙이다.

7) 남서쪽은 土의 기운이 지배하는 곳으로 가정운이나 안정을 부여하는 방위다. 낮게 생활하는 것이 행운의 포인트가 되므로 가

구도 키가 낮은 것을 배치하는 것이 좋다. 토의 기를 갖고 있는 도기 제품을 사용하는 것도 좋다. 색깔은 토에서 자라는 초목의 컬러가 행운을 가져다준다.

8) 서쪽은 金의 기운이 지배하는 곳으로 금전운과 직결되어 있는 방위다. 연애운과 즐거운 일을 주관한다. 금전운을 높이려면 파스텔 옐로나 흰색을 사용하고, 연애운을 상승시키려면 복숭아색을 기본으로 해서 흰색을 포인트 컬러로 사용한다.

행운을 불러오는 풍수 아이템

거울

좋은 기를 실내에 불러들이고 나쁜 기를 반사시켜 밖으로 내보내는 역할을 한다. 특히 거울을 태양을 향해 배치하거나 거울 앞에 식물을 놓아두면 운세가 더욱 좋아진다.

식물, 꽃

생기를 심어주고 행운을 가져다주는 꽃과 식물은 방에 있는 음기를 몰아내고 음양의 밸런스를 조정해 준다. 특히 여성은 꽃을 중심으로 해서 방안을 장식하면 아주 좋다.

크리스털

크리스털은 창가에 장식하는 것이 요령. 빛을 반사하기 때문에 기를 분산시켜 좋은 기는 방안으로 들어오게 하고 나쁜 기는 진정시켜 주는 작용을 한다.

선풍기

바람을 일으켜 좋은 인연을 불러오는 필수 아이템이다. 공간의 기를 순환시켜 기의 흐름을 도와주는 역할을 한다.

종

현관이나 집의 동쪽, 자신이 원하는 운을 얻고 싶은 장소에 걸어놓는다. 종에서 퍼져 나오는 아름다운 음색은 나쁜 기를 억제하고 좋은 기를 실내로 불러들이는 역할을 한다.

공간별 인테리어 플랜

금전운을 좌우하는 장소, 주방

주방은 금전의 흐름을 결정짓는 중요한 장소다. 하지만 주방은 불의 기운이 강한 가스대와 물의 기를 갖고 있는 싱크대가 공존하고 있어 음양의 밸런스가 깨어지기 쉬우므로 밸런스를 맞추는 인테리어가 필요하다. 금은 불에 연소되기 쉽다는 점을 감안해 화의 기를 갖고 있는 플라스틱 제품을 밖으로 내놓지 말고 수납장 안에 넣어두는 것이 기본이다.

1) 바닥에는 매트를 깔고, 쓰레기통은 뚜껑이 있는 것을 사용하고, 화의 기를 중화시키는 키친 매트를 깐다.
   밝은 그린이나 오렌지 계열의 매트를 포인트로 해서 부엌 전체를 흰색으로 정돈한다. 쓰레기통은 쓰레기에서 발생하는 음의 기운을 차단하기 위해 반드시 뚜껑이 달린 것을 사용한다.
2) 음양을 조정하는 데는 흰색 도기 제품을 사용한다.

싱크대 주변에 배치하는 조미료 그릇 등은 흰색 도기로 통일하는 것이 좋다. 흰색 도기는 음양의 밸런스가 깨지기 쉬운 부엌의 기를 조정하는 역할을 한다. 또 금의 기를 불태우는 플라스틱 용기는 가능하면 밖에 내놓지 않도록 주의한다.

3) 주방 창문에는 금전운을 머물게 하는 카페형 커튼을 장식한다.

주방의 창에 커튼을 하지 않으면 금전운이 그대로 외부로 흘러나간다. 주방이 어두우면 운세에 나쁜 영향을 미치게 되므로 위아래가 개방된 카페형 커튼이 이상적이다. 소재는 흰색 레이스나 그린 계통이 좋다.

4) 유희적 감각을 지닌 주방 소품을 싱크대 주변에 놓는다.

유희적 감각을 지닌 주방 소품에는 금의 기가 많은 것이 특징이다. 때문에 이를 싱크대 주변이나 아래에 놓으면 금전운이 상승하게 된다. 단, 장식 효과만 지닌 것을 놓으면 오히려 운세가 저하될 수 있으므로 반드시 실용성을 겸비한 물품을 놓는 것이 포인트다.

5) 냉장고에는 아무것도 붙여놓지 않는다.

냉장고 문에 자석이나 스티커를 더덕더덕 붙여놓는 것도 금전운을 하락시키는 원인이 된다. 정기적으로 냉장고 안팎을 깨끗이 닦으면 기의 순환이 좋아진다.

6) 문이 없는 식기 선반에는 식기를 반드시 엎어놓는다.

오픈 타입의 식기 선반에 식기를 위로 향하게 놓으면 좋은 기氣가 모두 식기에 흡수되어 다이닝룸까지 미치지 못하게 된다. 때문에 오픈 타입의 선반에는 식기를 엎어서 수납하는 것이 원칙이다.

7) 서로 대조적인 화, 수의 기운을 서로 가까이 두지 않는다.
주방에서 수의 영향을 가장 크게 받는 싱크대의 아래쪽은 특히 주의가 필요하다. 수의 기와 상생 효과가 있는 금속 냄비나 조리 기구를 수납하는 것이 좋다. 나이프와 스푼, 포크와 스푼을 함께 수납하면 금전운이 저하되므로 나누어 보관하는 것이 좋다.

8) 테이블 위의 꽃과 매트는 필수다.
식사를 하면서 생기를 흡수하기 위해서는 테이블 위에 꽃을 장식하는 것이 필수다. 꽃과 함께 반드시 놓아야 할 것이 바로 매트다. 매트는 파스텔톤의 옐로나 그린 등 밝은색을 사용하는 것이 좋다.

부엌 냉장고와 전자레인지가 가까이 붙어 있으면 뜨겁고 찬 기운이 충돌해 지출이 많아진다. 배치상 어쩔 수 없다면 사이에 나무판을 놓도록 한다. 식탁은 벽에서 약간 떨어지게 해야 기의 흐름이 원활해진다. 칼을 보이는 곳에 두면 애정운에 나빠지고 수저와 포크 등을 아무렇게나 관리하면 대인관계가 나빠진다. 쌀통은 부엌의 동쪽이나 동남쪽에 둬야 생기를 충분히 받아 가족의 원기 회복에 좋다.

배수구가 재물을 상징하는 남동쪽에 위치하면 돈이 새나간다. 이때 싱크대 배수 호스에 물과 상극인 불을 상징하는 붉은색, 혹은 둑을 쌓는다는 의미로 흙을 뜻하는 노랑 리본을 걸어두면 도움이 된다.

거실에는 안락함을 주는 소파와 식물이 필수

거실은 토의 기를 갖고 있으며 가정운을 지배하는 역할을 한다. 거실은 남쪽에 있는 경우가 많은데, 남쪽은 화의 기를 갖고 있는 방위이므로 심플하고 모던하게 꾸미는 것이 기본이다. 플라스틱 제품이나 검은색 물건을 많이 사용하면 금전운에 악영향을 미치므로 주의한다.

1) 전화기는 동쪽이 가장 좋다.

   목의 기를 갖고 있는 전화기를 동쪽에 놓으면 사업운과 발전운을 상승시켜준다. 휴대전화나 충전기도 지정석을 동쪽으로 하면 같은 효과를 준다.

2) 눈에 띄지 않는 곳에 숯을 놓는다.

   눈에 띄지 않는 곳에 마이너스 이온을 방출하여 기를 정화시켜주는 숯을 놓으면 좋다. 방이나 붙박이장의 구석, TV 뒤쪽 등 보이지 않는 곳에 두는 게 최고다.

3) 신문이나 잡지는 나무로 된 랙rack에 놓는다.

   거실에 신문이나 잡지가 흩어져 있으면 가족 사이에 트러블이 자주 생길 수 있다. 신문이나 잡지는 종이와 궁합이 좋은 나무나 등나무 랙rack에 깨끗하게 정돈해 놓는 것이 좋다. 특히 묵은 신문이나 잡지를 쌓아놓으면 자신에게 찾아온 기회를 없애 버리는 결과를 초래할 수 있으므로 날짜가 지난 것은 눈에 보이지 않는 곳에 두었다가 즉시 처분한다.

좋은 기의 입구가 되는 곳이 현관

현관은 기의 입구가 되는 곳이므로 현관을 깨끗하게 정돈하지 않으면 좋은 기를 얻을 수 없다. 또 현관은 주인의 운세와 여성의 인연이 머무는 중요한 장소이다. 현관이 지저분하거나 어둡고 잡다한 물건들로 막혀 있으면 음의 기가 가득 차게 되어 집안 전체의 운이 떨어지게 된다.

1) 꽃과 갓을 씌운 램프는 행운의 아이템

좋은 기는 밝고 생기가 있는 장소에 머물게 된다. 생기를 가득 채우기 위해서는 꽃이 필수다. 기혼자는 화분의 꽃을, 독신자는 생화를 장식해 놓는다. 또 어두운 현관에는 갓을 씌운 스탠드를 배치해 항상 밝은 상태로 만드는 것이 좋다.

2) 프레임으로 기의 흐름을 원활하게

현관 벽에 장식하는 액자는 꽃이나 식물 그림에 목재 프레임이 좋다. 서로 높이를 달리하여 걸면 액자의 역동감으로 인해 기의 흐름이 원활해지므로 좋은 기를 더욱 많이 불러들일 수 있다.

3) 거울이나 관엽식물은 좋은 기 상승

관엽식물을 현관에 배치하면 좋은 기를 불러일으키는 역할을 한다. 단, 거울을 현관문과 마주 보게 걸면 오히려 좋은 기를 반사시켜 내보내는 역할을 하므로 주의할 것. 식물에는 기를 정화시키는 효능이 있으므로 나쁜 기가 쌓이지 않는 환경으로 만들어준다.

수의 기를 흡수할 수 있도록 꾸미는 게 포인트인 침실

낮 동안의 활동을 통해 잃어버렸던 운은 잠을 자는 동안 주위에 있는 기를 통해 보충하고 내일을 준비하게 된다. 때문에 침실은 자신의 운을 좌우하는 중요한 공간이다. 특히 수면 중에는 몸의 기가 수의 기로 변하고 머리로 좋은 기를 흡수하게 되므로 수의 기를 흡수할 수 있는 북쪽으로 머리를 두는 것이 좋다.

1) 화장품은 목재나 알루미늄 박스에 넣어 보관한다.
가죽이나 플라스틱 박스는 미美를 연소시키는 작용이 있으므로 두지 않는 것이 좋다.

2) 러그 매트를 깔아 발이 냉해지지 않도록 한다.
침실에서 머리는 차게, 발은 따뜻하게 하는 것이 풍수인테리어의 기본이다. 발을 차갑게 하면 운세에도 악영향을 미쳐 좋은 기를 흡수하기가 어려워진다. 때문에 바닥에는 반드시 러그 매트를 깔고 따뜻한 이미지를 연출하는 것이 포인트다.

3) 꽃, 향, 라이트는 인연을 불러오는 황금 콤비다.
꽃과 향기, 라이트의 3가지를 세트로 베갯머리에 배치하면 연애운과 인간관계에서 힘을 발휘한다. 특히 잠자는 동안 머리로부터 좋은 기를 흡수하고 다양한 인연을 만들어주기도 한다. 꽃은 핑크나 오렌지 컬러가 좋고 향은 플로럴이나 감귤계가 좋다. 북쪽으로 머리를 두고 자면 건강에도 좋고 교제운도 좋아진다. 게으른 사람은 동쪽으로, 숙면을 취하고 싶으면 서쪽으로, 창조적인 일을 한다면 남쪽으로 머리를 둔다. 좋은 배우자를 만나고 싶으면 따스한 색상의 꽃무늬 침구를 마련하고 부부 사이를 좋게 하고 싶으면 노란색이나 녹색 커버를 쓴다.

건강운을 좌우하는 곳은 욕실

화장실과 욕실은 수의 기를 갖고 있어 건강운을 좌우하는 곳이다. 화장실이 춥다거나 냄새가 나면 몸에 나쁜 영향을 미치게 되므로 항상 따뜻하고 깨끗한 환경을 유지하는 것이 무엇보다 중요하다.

1) 변기 커버와 매트로 병 예방

변기 커버와 매트는 화장실의 냉기를 해소하여 건강을 지켜주고 음의 기가 쌓이기 쉬운 공간을 양기로 채워주는 역할을 한다. 매트의 소재는 뭉글뭉글한 타입이 좋고 색은 그린이나 옐로 등 방위에 맞는 컬러를 선택하도록 한다.

2) 세탁물은 반드시 바구니에 넣어 보관

세탁물을 밖으로 내놓으면 오염된 기가 집안에 표류하여 좋은 운이 달아날 수 있다. 더러워진 옷은 즉시 세탁하고 보관할 때는 반드시 뚜껑이 달린 대나무 바구니를 이용하는 것이 좋다. 플라스틱 세탁통은 나쁜 기가 쌓이기 쉬우므로 되도록 피한다.

3) 목욕용품은 도기로 만든 병에 담아서 사용

비누, 샴푸, 린스 등의 목욕용품은 도기 안에 든 제품을 사용하는 것이 좋다. 물 주위에 화의 기를 갖고 있는 플라스틱 제품을 놓으면 기의 밸런스가 붕괴되기 쉽다. 플라스틱 용기에 든 샴푸를 구입했다면 반드시 도기로 만든 그릇에 옮겨서 사용하는 것이 좋다.

욕실에 큰 용기에 들어 있는 절약형 샴푸나 비누는 인간관계나 이사 문제 등의 걸림돌이 된다. 비누는 비싼 것을 사용할수록 좋고, 생산된 곳의 기운에 따라 다른 작용을 한다. 서쪽의 힘이 담긴 유럽 제품은 돈이 많이 들어오게 하고, 미국 제품은 기획력이나 영업 성적을 향상시킨다. 수납장에 타월을 너무 많이 채워 두면 화장실의 흉한 기운이 타월에 스며들어 나쁜 작용을 하게 되므로 주의한다.

현관

현관 벽에 걸려 있는 커다란 붙박이 거울은 드나드는 사람의 기운을 빼앗아가므로 화분이나 그림, 포스터 등으로 절반 정도는 가린다. 정면에 거울이 있으면 들어오는 복을 나가게 하므로 주의하자. 매트가 너무 화려하면 이별이나 갈등이 생길 수 있고, 집의 전체 분위기보다 지나치게 고급스러운 제품은 기운을 흐리게 하므로 피한다. 부부간, 혹은 애인과의 관계를 잘 가꾸고 싶다면 매트를 깔지 않는 것이 최선이다.

거실

집의 중심이 되는 거실을 꾸밀 때 가장 중점을 둘 것은 음양의 균형을 맞추는 것이다. 빛이 많이 들어오지 않는다면 양의 기운을 가진 목재 가구나 꽃, 산의 그림을 배치하고 붉은 색 소품을 써서 따스함을 보충한다. 거실에는 사각형 가구가 유난히 많으므로 쿠션이나 조명 등은 둥근 것으로 마련, 균형을 꾀한다.

7층 이상의 아파트에는 땅의 기운을 보충해 주는 흙색황토색, 옅은 갈색, 아이보리 색상을 쓰고, 낮은 층이어서 나무 때문에 햇빛이 가린다면 밝은 금을 상징하는 흰색으로 꾸며 기운의 균형을 조절한다.

집안의 생기를 유지하기 위해 싱싱한 관엽식물을 많이 두고 드라이플라워나 시든 식물은 빨리 버린다. 소파는 현관과 대각선을 이루는 것이 가장 이상적인데 그 옆에 키가 큰 스탠드를 두면 가족 간에 불화를 예방할 수 있다. 텔레비전, 오디오 등 전자제품은 기의 흐름을 막을 수 있으므로 그 옆에 관엽식물을 두어 기가 잘 통하게 한다.

거실에는 방향과 상관없이 거울을 두지 않는 것이 가장 좋고 특히 거실의 모습을 모두 비추는 거울은 가족 간 사이를 좋지 않게 하므로 무조건 떼어낸다. 수족관은 돈을 부르는 소품이지만 남녀 교제에는 방해가 된다. 침실의 기운은 대각선으로 흐르므로 문에서 보았을 때 침실의 안쪽은 남편이, 바깥쪽은 부인이 사용하는 것이 음양의 조화에 적합하다. 단 부인이기운이 없을 때는 서로 잠시 자리를 바꾼다. 철제 침대는 차가운 기운이 강하므로 따뜻한 계열의 침구로 기운을 보충한다.

4장

사업이 번창하는 사무실 풍수

사무실 풍수이론

사무실 풍수는 업무를 담당하는 사람이 특성에 따라서 명당을 정하고 그 사람의 체질, 성격, 잠재력 등을 분석해서 방향과 장소 등을 고려한 인테리어를 해서 개인적으로 더욱 향상된 업무 능력을 키우기 위한 것이다. 하지만 현재의 회사 사무실 구조는 일에 맞추어서 자리를 정하고 있다. 사람의 특성 또는 잠재력을 무시하고 업무를 부과하여 더 많은 이익을 추구하지 못하는 것이 사실이다.

풍수컨설팅은 이런 단점을 보완하고 개인과 회사가 서로 더욱 도움이 되는 것을 찾아주는 것을 말한다. 풍수에 맞는 사무실 구조를 다음과 예를 들 경우는 다음과 같다.

직원의 사주가 목의 기운, 즉 청룡의 기운이 약할 경우

청룡의 기운이 약한 사람은 매사에 의욕이 진취적이지 못하고, 적극적인 태도로 업무를 수행하는 능력이 잠식되는 경우가 있다. 따라서 목의 기운, 즉 청룡의 기운에 도움을 받아야 한다. 사무실 책상의 위치를 사무실의 중앙에서 동으로 옮기고 동쪽을 바라보고 일을 하면 더욱 향상된 능력을 발휘하게 되어 직원이 일에 재미를 느끼게 되고 회사에도 도움이 되는 것이다.

직원의 사주가 화의 기운, 즉 주작의 기운이 약할 경우

주작의 기운이 약한 사람은 매사에 너무 감정이 예민하고, 심하면 사사로운 것에 신경을 많이 쓰고 마음의 기복이 있는 경우가 허다하다. 따라서 화의 기운을 받아서 일을 하는 것이 좋다. 사무실의 중앙에서 남쪽으로 책상을 옮기고 남쪽을 바라보고 업무를 보게 되면 주작의 기운을 받아서 개인적으로 더욱 발전된 능력을 발휘하게 되며, 회사에도 도움이 된다.

직원의 사주가 토의 기운, 즉 구진의 기운이 약할 경우

구진의 기운이 약한 사람은 체질로 장이 약해서 피로를 자주 느끼고 업무를 과다하게 수행하는데 무리가 있다. 따라서 토의 기운 즉 구진의 기운이 모여 있는 명당을 정해서 업무를 보게하는 것이 좋다. 구진의 명당은 사무실 내에서 중앙을 말하며 책상의 위치는 어느 방향이든지 큰 무리가 없다. 단 토 외에 다른 기운[목화금수]이 없는 곳으로 옮기면 더욱 좋다. 개인적으로 업무 능력이나 잠재력은 향상이 되며 회사에도 도움이 된다.

사무실의 입지조건立地條件

도시에서 사무실이나 상가를 선정하는 데 용혈사수향龍穴砂水向 지리오결地理五訣을 모두 고려하여 좋은 위치를 찾기란 사실상 어렵다. 대규모 공사로 자연 지형이 많이 훼손되었기 때문이다. 그러나 자세히 살피면 본래의 자연 지형을 유추해낼 수 있다.

하천이나 도로가 감싸준 안쪽을 선택한다

사업할 지역을 결정했으면 그 지역에서 어디 지점이 좋은 땅인가를 살펴야 한다. 물론 풍수지리 이론을 모두 적용하여 좋은 장소를 찾아야 하겠지만, 이는 어려우므로 우선 주변에 있는 하천이나 도로를 본다. 하천이 어느 쪽을 감싸주고 흐르는지를 살피고 물이 감싸주는 안쪽을 선택한다. 도시에서도 좋은 기는 물이 감싸준 안쪽에 모이기 때문이다. 본래 지세가 음인 산과 양인 물이 서로 산수 교합하고 있었다는 증거다. 물이 감싸주는 안쪽에 본능적으로 사람들이 모인다.

어디 사람뿐이겠는가? 물고기도 마찬가지고 물가에서 먹이를 찾는 새들도 마찬가지다. 사람을 포함한 동물들은 본능적으로 제 몸에 이로운 환경 즉 기가 모인 곳을 찾는다. 반대로 물이 휘어 돌아가는 바깥쪽은 기가 모이지 않고 흩어지는 곳이다. 이러한 곳은 발전이 없다. 실재로 지도를 펴놓고 자기가 살고 있는 지역을 살펴보면 잘 사는 동네는 모두 물이 감싸준 안쪽이라는 것을 알 수 있을 것이다.

사업장인 사무실, 상가, 공장 등도 이러한 곳에 위치해야 발전이 있다는 것을 꼭 명심하기 바란다. 만약 물길을 찾을 수 없다면 큰 도로가 어디를 감싸주고 있는지를 살피면 된다. 본래 도로는 물길을 따라 낸 것이 많다. 대지와 빌딩은 음이라면 도로는 양이다. 풍수지리에서는 도로를 물로 보기 때문에 도로가 감싸준 안쪽이 그 반대쪽보다 훨씬 길하다.

뒤는 높고 앞은 낮은 전저후고前低後高 지형이라야 한다

풍수지리의 원칙은 배산임수背山臨水다. 즉 뒤에는 산이나 언덕이 있어 높아야 하고, 앞에는 물이 있어야 하므로 낮고 평탄하고 넓어야 한다. 건물의 방향 역시 낮고 넓은 곳을 향해야 햇볕도 잘 들고 통풍과 배수도 잘된다. 그래야 따뜻하고 밝은 기운을 얻어 발전할 수 있다. 건물의 앞뒤가 모호할 때는 정문 또는 출입문이 있는 곳이 앞이다.

경사가 심한 도로가 있는 곳은 피한다

경사가 심한 곳에 있는 건물은 본래 산중턱이거나 용이 행룡行龍 과정에 있는 지형이다. 경사가 심하면 물이 곧장 빠져나가므로 기가 모이지 않으므로 재물도 모이지 않는다. 오히려 지출이 심해 오래가지 않아 파산하기 쉽다. 평탄한 곳을 고르되 지형은 주변보다 약간 높은 곳이 좋다. 일반적으로 혈은 약간 볼록한 곳에 있기 때문이며 수맥이나 물의 피해로부터 안전하다.

주변에 높은 건물이 있어 응달지는 곳은 좋지 않다

도로가 T자나 Y자 모양으로 된 곳 맞은편에 있는 건물은 살풍殺風을 계속 받아 좋지 않다. 누구나 쉽게 찾을 수 있는 위치이므로 호텔이나 상가 등의 위치로 좋을 것 같으나 화재와 사고가 자주 발생한다. 도로 양쪽에는 높은 건물이 서 있으므로 도로를 따라 부는 강한 바람이 건물을 친다. 생기가 흩어지는 것은 물론이거니와 온갖 사악한 기운이 다 모여든다. 이러한 곳에 위치한 회사는 발전을 못 하고 곧 도산하거나 사람들이 비명횡사하는 경우가 많다. 또 화재가 자주 일어나는 곳을 조사해 보면 이러한 지형이 많다. 바람은 불을 불러들이기 때문이다. 음택陰宅에서도 광중壙中에 바람이 들면 유골이 새까맣게 그을리는데 이를 화렴이 든다고 한다.

건물이 서 있는 터는 직사각형으로 반듯한 것이 좋다

건물의 마당은 재산을 관장하므로 매우 중요하다. 택지가 네 귀가 바른 직사각형 형태로 되어 있으면 길상이다. 그러나 삼각형 모양이나 복잡한 각이 많은 택지는 흉상이므로 피해야 한다. 각이 진 부분에 담을 쌓아 택지를 네모반듯하거나 불가피할 경우는 나무를 심어 각진 부분을 가려주는 것도 피해를 줄일 수 있는 방법이다.

건물 모양

사무실의 건물 모양은 일그러지지 않고 반듯하여 안정감이 있어야 한다. 대기 중에 흐르는 기는 건물에 다다라서는 그 모양대로 변한다. 건물의 외관이 복잡하고 날카로우면 기 역시 복잡하고 날카롭게 변해 좋지 않은 영향을 준다. 특히 1층이나 중간층에 벽을 만들지 않고 뻥 뚫리게 한 경우가 있다필로티 구조. 이는 건물의 벽에 부딧힌 바람이 모두 그곳으로 몰려들어 기를 교란시켜 흉작용을 한다.

기하학적인 독특한 건축물이 많이 생겨나고 있는데 멋있다고만 할 것이 아니라 대기의 기운이 어떻게 작용할 것인가를 고려해야 한다. 대기 중의 바람이 건물에 부딪혔을 때 이 바람을 부드럽게 완충시켜 주는 모양이라야 좋은 건물이다. 주변에서 사옥을 짓고 망한 회사를 보게 되는데 대부분 기의 작용을 고려하지 않고 태양 광선의 이용만을 고려하여 복잡한 형태로 된 건물들이다. 안정감이 있는 건물이 가장 좋은 건물이라는 사실을 다시 한번 강조한다.

사무실 내부 구조

사옥이나 공장 상가를 직접 설계하고 시공하지 않는 이상 완벽한 조건을 갖춘 곳을 찾기란 어렵다. 그러나 실내 내부 배치는 얼마든지 임의로 조정이 가능하다. 공장의 기계 배치를 어떻게 하느냐에 따라 회사 전체의 운이 달라질 수 있다. 특히 사업장을 책임지고 있는 회사 대표의 자리는 매우 중요하므로 우선적으로 좋은 자리에 배치해야 한다. 그다음 중요한 부서의 순서대로 좋은 방위에 자리를 잡으면 된다.

사무실 배치

사무실 중심점에 나경패철을 정반정침正盤正針하고 출입문의 방위를 측정하여 그 팔괘 방위를 기두起頭로 삼는다. 중심점 찾기가 난해할 때는 사무실 네 모서리에서 대각선을 그어 두 선이 만나는 점이 중심이다.

1) 기두가 동사택東四宅인지 서사택西四宅인지를 구분한다.

2) 기두와 같은 사택 방위에다 사장실 등 중요한 부서를 배치한다.

3) 팔괘 오행의 상생상극相生相剋 관계를 살펴 출입문이 각 방이나 책상을 상생하면 길하고, 상극하면 흉하다. 예를 들어 출입문이 동쪽에 있으면 진방震方으로 오행은 목木이고, 책상이 남쪽에 있으면 이방離方으로 오행은 화火다. 이것은 목생화木生火의 상생 관계를 이룬다. 반면에 출입문이 남쪽 이방離方에 위치하는데 서쪽 태방兌方의 책상이나 사장실은 화극금火剋金 상극관계가 되어 흉하다.

4) 각 부서의 오행이 사장실 오행을 상생하도록 배치한다. 회사에서 제일 중요한 위치는 사장석이다. 사장석을 중심으로 각 부서의 오행이 상생관계를 이루도록 배치해야 길하다. 예를 들어 남쪽 이방離方에 사장석이 있다면 목생화木生火하므로 동쪽이나 동남방에 사장을 가장 잘 보필할 수 있는 부서를 배치한다. 또 그 부서를 지원하는 부서는 오행이 같은 동쪽이나 동남쪽에 배치하고, 여의치 않을 때는 수생목水生木하므로 북쪽 감방坎方에 배치한다.

최고경영자 방과 책상 배치

사무실 배치를 하는 데 있어서 가장 중요시해야 하는 곳이 회사의 최고경영자인 회장 또는 사장의 방이나 책상 위치다. 최고경영자의 판단과 결정에 따라 그 회사의 성패가 달라지기 때문이다.

생기가 감도는 곳에 최고경영자가 위치하고 있다면 좋은 컨디션으로 올바른 판단과 결정을 할 수 있을 것이다. 그러나 나쁜 기운이 감도는 곳에서는 판단이 흐려져 그릇된 결정을 하고 만다. 형기적으로나 이기적으로 가장 좋은 위치에 최고경영자 자리가 있어야 함은 회사 구성원 모두와 사회를 위해서도 좋은 일이다.

아무리 직원들이 일을 잘해도 최고경영자가 판단을 잘못하면 그 회사는 곧 문을 닫아야 할 것이다. 회사가 문을 닫으면 최고경영자만 잘못되는 것이 아니라 직원들 모두와 그 가족들의 생계를 위협한다. 이것이 사회에 미치는 영향은 대단하다.

회사가 잘되면 사회에 여러 측면에서 기여하게 된다. 기업주에 대한 우리 사회의 부정적인 시각이 아직도 남아 있지만 회사 구성원 모두는 최고경영자가 잘될 수 있기를 바라야 한다. 그것이 바로 각 개인의 이익과도 직접적인 연관이 있다.

1) 최고경영자는 회사 운영에 가장 중요한 부분을 담당하기 때문에 생기가 가장 많이 모이는 곳에 방을 배치한다. 빌딩 전체가 사옥일 경우에는 용의 생기가 뭉치는 곳에 위치하도록 하고, 지기가 미약해지는 고층보다는 5층 이하로 한다. 1층은 너무 번잡하므로 2층이나 3층이 가장 이상적이다.
2) 빌딩의 2~3개 층을 사무실로 이용할 경우는 아래층보다는 위층에 대표자 방을 배치한다. 일반적으로 최고경영자는 존경과 권위의 자리에 있어야 한다. 직원들이 결재를 받으러 올라가는 것이 내려가는 것보다는 더 자연스럽고 권위가 있다.
3) 1개 층에 같이 있을 경우는 지기와 건물의 기가 가장 많이 집중되는 곳에 배치한다. 지기는 터를 살펴보아야 하고, 건물은 형태를 살펴 기운이 모이는 곳에 위치하도록 한다.
4) 출입구가 하나인 공간에서 칸막이를 하여 별도 방을 만들 경우

는 중심에서 출입문 방위와 같은 사택 방위로 한다. 이때 출입문 오행이 상생해 주거나 오행이 같은 방위로 한다.

5) 최고경영자 방이 있는 경우 방안 중심에서 다시 방문의 방위를 측정하여 기두로 삼는다. 최고경영자의 업무용 책상과 회의용 탁자, 응접용 소파 등이 같은 사택에 있도록 배치한다.책상은 가장 많이 업무를 보는 곳이므로 문의 오행이 상생해 주는 곳으로 한다.

6) 별도 방이 없이 직원들과 같은 공간에 있을 경우는 출입문과 같은 사택 방위이면서 출입문이 상생해 주는 방위에 배치한다. 또 직원들의 있는 방위와 서로 상생 또는 비화比和, 오행이 같음 관계가 이루어지도록 한다. 책상은 정면을 향하되 출입문을 수구水口로 보고 각종 향법向法에 맞도록 배치한다. 이때 방위를 측정하는 위치는 실내 중앙이 아니라 책상이다.

각 부서의 배치

1) 사무실 중심에서 출입문 방위를 측정하여 기두로 삼고, 기두와 같은 사택 방위에 각 부서를 배치한다. 모든 부서를 같은 사택에 배치할 수 없을 때는 중요한 부서를 우선으로 한다.

2) 각 부서는 출입문의 오행으로부터 상생을 받고, 사장석을 상생해 주어야 길한 배치다. 그러나 출입문과 마주 보이는 곳은 피한다. 각 부서장의 자리는 부원들을 통제하기에 용이한 장소로 한다.

3) 회사 출입문이 간방艮方, 북동쪽이나 곤방坤方, 남서쪽이 되면 귀문

방鬼門方에 해당되어 크게 발전할 수 없다. 가능한 대로 귀문방은 피하는 것이 좋다. 불가피한 경우는 칸막이를 하여 입구 방향을 길한 곳으로 돌려준다. 귀문방에 에어컨, 난로, 쓰레기통 등을 놓아서도 안 된다.

4) 여자 경리 자리는 음의 방향에 두는 것이 좋다. 음의 자리는 손, 이, 곤, 태 4방위다. 특히 동쪽 출입문일 경우는 손방에 경리 자리를 배치하는 것이 가장 이상적이다. 동쪽은 양이고 동남쪽은 음이다. 오행이 같고 음양이 다르므로 음양 배합이 이루어진다. 이때 사장실이 남쪽에 있으면 더욱 길한 배치가 된다.

사무실 구조상 책상의 방향은 이미 결정되는 것이 일반적이다. 좋은 사택 범위 내에서 좌우 또는 전후로 책상을 조금만 움직여 출입문 방위를 보면 각기 다르게 방위가 측정된다. 책상의 향과 어울리는 출입문 방위수구 방위로 간주가 되면 내부의 기는 더욱 좋게 최고경영자에게 작용한다.

책상의 방향

1) 책상이 출입문을 정면으로 바라보고 있으면 순화되지 않은 외부 기가 바로 충沖하므로 흉하다. 또 외부인들이 지나다니면서 안을 들여다보므로 업무의 집중력이 떨어진다.

2) 문을 등지고 앉도록 책상이 배치되면 뒤쪽이 허전하여 심리적인 불안감이 생긴다. 외부에서 손님이 들어오더라도 바로 살필 수 없어 업무의 효율성도 떨어진다.

3) 창문을 바라보고 있거나 등지고 있는 것도 집중력을 떨어뜨려

능률을 저하시킨다. 가능하면 창문과 옆으로 앉는 것이 좋다.

4) 문과 가까이 있는 책상도 좋지 않다. 사람의 출입이 빈번하여 집중력이 저하된다. 가능하면 출입문 가까이는 여유 공간으로 남겨 놓는 것이 좋다.

5) 문에서 멀리 떨어진 곳에서 문을 마주 바라보지 않고 벽을 등지고 앉는 것이 가장 이상적인 책상의 방향이다.

사무실 풍수인테리어

사무실 책상 위치

사무실 내의 좋은 기운을 타기 위해서는 우선 나의 책상 위치를 살펴보는 것이 중요한다. 기본적으로 사무실 책상 위치는 출입문을 중심으로 배치되어야 하는데, 출입문을 등지지 않고, 대각선 방향으로 놓되 사무실 입구를 바라보는 방향이 가장 좋다. 만약 본인의 책상에서 출입문이 보이지 않는다면 출입문을 비추는 거울을 책상 위에 설치하여 출입문이 보이도록 하는 것이 좋다. 사무실 풍수인테리어에서 사무실 책상 위치로 피해야 할 곳은 건물 기둥에 딱 붙어 있는 책상 그리고 통로에 위치한 책상이다. 특히 건물 기둥 옆에 책상이 있다면 기둥에서 살짝 떨어트려 두는 것이 좋으며, 창문이 주위에 있다면 창을 정면으로 보거나 등지지 않고 대각선/사선으로 볕을 받는 것이 좋은 운을 끌어들이는 사무실 풍수지리다.

하지만 이런 내용과 더불어 좋은 성과를 올리는 직장 동료가 있다면, 그 자리가 명당자리일 수 있으니 잘 기억해 두었다가 미리 선점

하는 것도 좋겠다.

사무실 풍수인테리어 소품

사무실 풍수지리에서 기본이 되고 가장 중요한 것이 사무실 책상 위치이지만, 현실적으로 직장인이 책상 배치를 마음대로 바꾸는 것은 거의 불가능하다고 할 수 있다. 그렇기 때문에 책상 배치가 사무실 풍수인테리어상 완전하지 못하다 하더라도 이를 사무실 풍수인테리어 소품으로 보완하는 것도 좋은 방법이다. 사무실에서 가장 중요한 것은 업무에 대한 열의와 집중도라고 할 수 있는데, 이러한 기운을 느끼게 하는 사무실 풍수인테리어 소품이 바로 불의 기운을 가진 스탠드/조명기구라고 할 수 있다. 스탠드는 앉은자리를 중심으로 맞은편 가운데 자리에 위치시키는 것이 업무 의욕을 높이는데 가장 좋다. 이때 스탠드를 서쪽에 놓으면 컨디션에 긍정적인 효과를 준다고 하니 상황에 맞춰 사무실 풍수인테리어 소품을 배치하는 것이 좋겠다.

이외에도, 책상 위에 전자파를 차단하고 습도를 유지시켜 준다는 명목으로 식물을 놓아두는 직장인들 많다. 실제로 식물은 협동 정신 및 조화를 돕는 사무실 풍수인테리어 효과를 가지고 있으며, 심리적으로도 안정감을 준다고 할 수 있다. 혹시 식물을 키우는데 소질이 없다면 나무/꽃 등의 식물 사진을 걸어두거나 컴퓨터 바탕화면을 식물로 꾸미는 것도 좋은 기운을 유지시켜 준다.

정리 정돈의 중요성

좋은 기운이 흐르는 사무실 책상 배치를 하고, 긍정적인 효과를 끌어들이는 사무실 풍수인테리어 소품을 적재적소에 배치했다 하더라도 책상에 쓰레기가 쌓여 있거나 문서가 정리되지 않아 지저분하다면 좋은 기운은 상쇄되어 버릴 수 있다. 따라서, 사무실 풍수인테리어의 마지막 요소는 항상 주변을 깨끗하게 정리 정돈을 해야 한다는 것이다. 꼭 사무실 풍수지리가 아니더라도 정리가 잘된 책상에서는 문서를 찾는 시간을 줄여 업무 효율도를 높일 수 있고, 체계적으로 업무 프로세스를 정리할 수 있어 업무집중도에도 긍정적인 영향을 줄 수 있다. 여기에 사무실 풍수인테리어 정보를 덧붙이자면, 의자에 옷을 걸어두는 것은 집중력이나 건강에 악영향을 줄 수 있으니 파티션 주변에 별도의 옷걸이를 두는 것이 좋겠다.

또한 본인 책상 근처에 휴지통이 있다면 이 역시 치우는 것이 좋다. 사무실 풍수인테리어 소품에서 발밑에 놓인 개인 휴지통은 좋지 않은 기운을 흐르게 하므로 조금 귀찮더라도 공동 휴지통을 이용하는 것이 좋다. 발밑의 전선도 깨끗하게 정돈해 두는 것이 좋겠다.

CEO 사무실 풍수

최고경영자CEO의 책상이나 소파, 회의 탁자는 사무실의 중요한 소품이지만 보고를 받거나 회의를 주관하는 중요한 공간이기도 하다. 이런 공간은 CEO의 정신을 맑게 해주는 곳이라야 한다. 정신이 산란하거나 집중이 어려운 장소는 흉지에 해당된다.

풍수적으로 길한 방위라야 좋지만, 가상家相: 한 집안의 운세를 좌우한다고 하는 집의 지세·위치·방향·구조적으로도 흉함이 없어야 사장이 품위를 잃지 않는다. 또 생년을 살펴 흉방凶方을 바라보지 않게 한다.

사장이 창을 등지고 앉게 의자를 배치한다

창에서 들어오는 빛이 사장의 등과 임원의 얼굴을 비추게 해 사장의 얼굴은 희미하게 보이고, 임원의 얼굴은 자세히 보이도록 해야 사장의 품격과 권위가 높아진다.

사장과 임원이 서로 정면으로 바라보면 예의에 어긋난다

서로 정면으로 바라보면 경쟁하는 형국으로 흉하니, 의자 배치에 세심한 주의를 기울인다.

사장의 의자는 다른 의자보다 한 치라도 높게 올려놓는다

사장의 앉은키를 살펴 높이를 조정하는데, 두툼한 방석 등을 이용해도 무방하다.

다음으로 허세가 아닌 품위를 갖춘 소품 인테리어에 대해서도 관심을 둘 일이다. 이러한 요소들은 임직원에게는 열심히 일하도록 기를 북돋우고, 손님에게는 회사에 대해 신뢰와 정을 이끌어낸다. 소품들이 사무실의 생기를 해치거나 CEO의 건강을 위해하면 안 되고, 기를 북돋아 활기를 증진시켜야 한다. 이 때문에 풍수인테리어가 현대에 들어 널리 선호되는 추세인 것이다.

몇 가지 풍수적 조언

사장의 책상과 회의 탁자 사이에 칸막이를 치면 인화人和에 금이 간다

임직원에게 사장의 위엄과 권위를 느끼도록 만드는 것이 좋다. 사장실로 들어가는 임직원의 마음은 칭찬보다 질책과 책임을 먼저 생각한다. 그런데 사장실 내에 또 칸막이로 막은 방이 있다면 그곳의 무거운 분위기에 눌려 마음의 장벽이 굳게 생긴다.

사장이 앉은 뒤쪽에 사장의 권위에 맞는 문양이나 표식이 있는 것이 좋다

용상의 뒤쪽에는 일월도를 걸고, 부처님 뒤에는 탱화를 걸어 위엄을 표시한다. 고관대작들은 병풍을 설치했으나 현대에는 그런 고전적 병풍을 설치하기는 곤란하다. 그러므로 회사의 로고나 CI 등을 잘 활용하는 것이 좋은 방법이다.

사장의 집무 책상에는 언제나 양쪽에 조명등을 설치한다

이는 일월日月과 음양陰陽을 의미하므로 빛의 밝기에 차등을 둔다.

화초는 되도록 적게 놓고, 사장의 눈높이보다 키가 큰 것은 흉하게 보이므로 피한다

풍수에서 화초는 안산案山이다. 안산의 높이는 눈썹과 심장의 높이로 가지런해야 길하다고 본다.

성공하는 사람의 책상풍수

금전운 높이는 책상 풍수

급여운

동남 방향 풍요 자리에 전화기를 배치한다. 칼이나 가위, 뾰족한 펜은 풍요운을 막으니 이 자리에는 놓지 말고 항상 깨끗하게 정리하는 게 좋다.

보너스운

꿈과 조력자 위치인 서북 방향 서랍에 자신이 원하는 꿈을 적은 엽서를 넣어둔다. 같은 위치 서랍에 거울을 위로 향하게 해서 두는 것도 좋다.

진급운

책상이나 의자를 물려받았을 때는 전임자의 상황이 중요한다. 전임자가 승진이나 좋은 이직을 했다면 같은 운을 물려받을 가능성이 크다.

직장에서 업무운을 높이는 책상 풍수

관계운

남서 방향에 화분을 두면 동료에게 뒤통수 맞을 일이 없다. 책상 밑 전선을 정리하면 회사 내 인간관계와 관련된 큰 문제가 해결되니 자신의 책상 뒤편이나 아래 전선 관리에 신경 쓰자. 서북 방향으로 회색이나 검은색, 흰색 마우스 패드를 놓고 사용하고, 해당 위치 바로 아래 서랍에 자신의 희망 메시지를 담은 엽서 등을 넣어둔다.

업무운

1) 만족운

정동 방향에 가족사진을 놓으면 업무 진행 시 안정을 찾을 수 있다. 스탠드를 동남 방향이나 남서 방향에 배치하면 작업 능률이 오를 뿐만 아니라 업무 성과가 좋아진다.

2) 집중력

칸막이나 벽이 있다면 메모판은 왼쪽에 설치하는 것이 좋다. 메모지나 필기구의 컬러가 다양하면 운을 분산시킬 수 있다.

운을 부르는 서랍 정리

1) 서류와 책은 쌓아놓지 말고 세워 둔다. 쌓아놓으면 눌린 서류와 관련한 탁한 기운이 작용해 일의 정체를 가져오고, 세워두면 좋은 기가 흘러 들어온다.

2) 왼쪽 넓은 서랍에는 절대 가위나 칼을 두지 않는다. 자신의 건강을 해치거나 집중력이 떨어진다. 오른쪽 중간 서랍쯤에 두는 것이 좋다.

3) 전자제품이나 관련 충전기 등은 오른쪽 중간이나 맨 아래 서랍에 둔다. 서류철이 맨 아래 서랍에 있다면 반드시 옆으로 세워놓고 이름표로 분류한다.

창업 시 풍수지리 고려사항

요즘처럼 자영업자들이 어려운 시기가 있을까? 과수원에 태풍이 불면 약한 꼭지는 떨어지고 튼튼한 꼭지는 끝까지 매달린다. 이때 잘 버틴 과일은 이전보다 훨씬 더 나은 환경에서 자라서 높은 가격에 팔릴 수 있다. 자영업도 마찬가지다.

앞으로 예상하지 못하는 태풍과 같은 환경이 불어 닥친다. 태풍 속에서 버틸 수 있는 비즈니스의 여건은 무엇일까?

첫째, 궁합이 맞는 아이템이다. 즉 비즈니스 종목이다.

둘째, 시대의 트렌드인 사업방식이다.

셋째, 위치와 환경 즉 풍수지리다.

아이템과 사업방식은 많은 검토가 되고 자신 있기에 창업까지 연결되었지만, 장소는 알 듯하면서도 이외로 잘 모른다. 장소는 상권이라고 하는데 일반적으로 알려져 있는 것은 다음과 같다.

첫째, 고객 접근성이다. 편리한 대중교통과 주차장이 확보된 곳이 유리하다.

둘째, 내 아이템에 지갑을 여는 유동인구가 많은 곳이 좋다.

셋째, 가시성이다. 업종에 따라 떨이가게와 명품가게가 있다. 떨이가게는 눈에 잘 띄어 유인 효과가 있어야 하고, 명품가게는 입소문이나 사이버공간 노출이 많아야 한다.

넷째, 출근길 동선보다 퇴근길 동선이라야 한다.

다섯째, 평지 혹은 완만한 내리막길, 마치 물이 고인 듯 점포가 옹기종기 모여 있는 곳이 풍수명당이다.

5장

생기를 받으려면

전통 양택풍수 길흉

풍수지리서의 고전 《양택십서陽宅十書》의 주요 내용 중 우리가 집터를 잡거나 집을 구입할 때 피해야 할 터에 대한 내용이다.

첫째가 반구충反丘沖이다. 앞에 큰 언덕이 있는 집은 피해야 한다. 이런 곳에 터를 잡은 집은 풍수를 떠나서 시야도 안 좋고 보기에도 답답하다.

둘째, 삼형충三形沖으로 집 앞에 삼각형 모양의 바위나 조형물이 있으면 안 된다. 예리한 모양의 물건들이 있으면 살기殺氣를 느낀다. 삼형충이 있으면 예기치 않은 수술, 죽음 등을 겪을 수 있으므로 가능한 피해야 한다.

셋째, 격각살이다. 앞집이나 옆집 아파트의 모서리가 마주 보이는 것을 격각살이라 한다.이곳에 사는 주민들은 서로 예민해져서 싸운다.

넷째, 입석충立石沖으로 주변에 큰 돌이 있는 경우이다. 이런 집에 살면 생식기, 생리계통에 병이 생기며, 돌의 크기에 비례하여 더 불길不吉하게 된다.

다섯째, 지광충地光沖으로 햇빛이 연못 등 물에 반사되어 건축물에 쏘는 것으로 반광살反光煞이라고도 한다. 이런 집에 계속 거주하면 재물 손실, 사업 실패, 정신적 불안이 따른다고 한다.

다음으로 형刑의 살殺을 살펴보겠다.

홀로 높이 있는 건물이나 집은 고풍살高風煞을 맞게 되는데 이런 경우 호흡기 질환 우려가 있다. 수목 식재 등을 하여 바람을 차단해야 한다. 또한 사방이 어지럽고 첨예한 대지는 난형살亂形煞을 받게 되며, 100보 이내에 묘가 있는 곳은 분묘살墳墓煞을 조심해야 한다. 이런 경우 집안에 우환이나 심장병이 온다고 한다.

삼각형 대지인 경우 삼지살三地煞을 받으며 이런 곳에 위치한 집에 거주하면 수술을 요하는 병이 온다. 주변이 지나치게 기울거나 얕은 경우는 양저살兩低煞로, 이런 경우 집안의 기氣가 흩어지고 과부가 많이 난다고 한다. 뾰족하게 찌르는 첨형살尖形煞은 재앙이나 사람이 죽는 등 흉사凶事가 끊이지 않는다.

또한 도로에 관련하여 피해야 할 사항들을 살펴보면 다음과 같다.

도로가 내 집보다 높은 경우 고로살高路煞, 외딴집에 나 홀로인 고양살孤陽煞, 사방팔방이 도로인 사도살四道煞, 두 길이 가위 모양으로 교차하는 사로살四路煞은 피해야 하며 이런 경우 재산이 흩어진다고 한다.

또한 좌우가 도로인 좌우양도살左右兩道煞, 차 달리는 소리, 물 흐르는 소리가 들리는 양변도수살兩邊道水煞, 도로가 주택 뒤에 있는 후로살後路煞 등을 조심하고 피해야 한다. 도로가 주택 가까이 있거나, 차 소리나 물소리가 크게 들릴수록 더 나쁘다. 이런 경우는 풍수를 떠나서 환경학적으로도 좋을 수 없을 것이다.

피해야 할 집터나 사무실 터에 대하여 위 내용을 요약·정리하면 다음과 같다.

1) 집 앞에 큰 언덕이 가까이 있는 곳
2) 집 앞에 삼각형 모양의 바위나 조형물이 있는 곳
3) 집 앞에 인공 조형물이 있는 곳
4) 집 곁의 연못 등에서 빛이 반사되어 그 빛을 직접 받는 집
5) 나 홀로 떨어져 높이 있는 집이나 건물
6) 사방이 어지럽고 첨예한 모양의 땅
7) 100보 이내에 묘지가 있는 집터
8) 대지 모양이 삼각형이거나 뾰족하게 찌르는 모양의 땅
9) 주변이 기울어졌거나 얕은 땅
10) 도로가 내 집보다 높거나 집터 주변 사방팔방이 도로인 곳
11) 도로가 가위모양이거나 좌우가 도로인 부지
12) 차 달리는 소리나 물 흐르는 소리가 들리는 곳소리가 클수록 불길

우리의 일상에서 금지사항을 지켜야 탈이 없는 법이다. 무리하고 과하면 탈이 나는 것이 인생 공식이다. 위에서 언급한 금기사항만 잘 지켜도 우리는 각종 우환, 근심 걱정을 줄일 수 있고 이 또한 돈의 손실을 막는 길이기도 하다.

도로와 기氣

도로는 원래 여러 사람들이 함께 생활하는 공간이다. 도로에는 바람이 통과하게 된다. 바람은 생기를 만들어주는 역할도 한다.

도심지에서는 도로를 중심으로 하여 좌우의 건물들이 높이 들어서 있다. 도심지 내에서 도로에 면하고 있는 집들은 도로를 통하여 바람을 맞이하게 된다. 그러므로 도로는 주변 건물의 생기가 형성되는 과정에서 중요한 역할을 한다. 최근에는 자동차들의 빈번한 통행으로 인하여 도로는 생활의 공간보다는 자동차 전용도로서의 의미가 더욱 커지게 되었다. 많은 차량들이 높은 속도로 도로를 통과하면 바람도 고속으로 불게 된다. 도로의 폭이 넓을수록 바람의 속도는 커지고 통과하는 차량의 수에 따라서도 바람의 속도가 더욱 커지게 된다. 빠르게 부는 바람은 생기를 만들지 못하고 오히려 생기를 빼앗아가는 역할을 한다. 그러므로 바람이 강하게 부는 도로변보다는 잔잔한 도로변에 명당이 이뤄지게 된다.

도로의 형태

도심지 내에는 폭 40m 이상의 큰 도로가 있는가 하면 8m 미만의 작은 도로도 있다. 명당은 넓은 도로변에는 생기기 어렵다. 이것은 넓은 도로에는 자동차에 의하여 바람의 속도가 높아지기 때문이다. 도로 폭이 좁은 도로에서는 차량의 속도가 작게 되어 바람도 천천히 불게 되고, 이러한 작은 도로변에 명당이 생기게 된다. 도로와 접하는 지형은 3면이나 4면 등 많은 도로를 접할수록 오히려 더 불길하다.

건물의 한쪽만 보이는 것이 좋다. 건물의 앞 뒷면에 도로가 있을 때에는 양면으로 출입구를 만드는 경우가 많다. 이러한 건물이 깊고 두 도로 사이의 길이가 길면 괜찮지만, 이 길이가 짧아지면 생기에 좋지 않다. 특히 이런 경우에 출입문을 마주 보고 있으면 좋지 않다. 대각선으로 만들어야 한다. 양면 도로의 경우 출입문을 마주 보고 있으면 바람이 쉽게 빠져나가므로 기운도 모이지 않게 된다.

도로는 대부분이 동서와 남북으로 직선의 격자형으로 이루어지는 것이 보통이다. 그리고 원형과 방사선으로 연결될 수도 있다. 직선의 도로는 역시 바람이 직선으로 불게 되기 때문에 도로를 거니는 사람들에게 불쾌감을 주게 되고, 그 결과 도로에서의 생활이 줄어들게 된다.

곡선의 도로에서는 직선의 도로보다 바람의 속도가 줄어든다. 바람의 속도가 느릴수록 내부의 분위기는 좋아진다. 곡선의 도로에 면한 점포들은 바람이 훑어 지나가는 것을 기준으로 하여 원의 안쪽 점포는 기운을 빼앗기게 되며, 바깥선 쪽의 점포들은 오히려 기운을 받아들이게 된다. 그러므로 곡선의 바깥쪽의 점포들이 안쪽보다 생기를 더 많이 받는다.

길다랗게 난 막다른 골목에 위치한 집은 좋지 못하다. 이러한 집에는 도로로부터 불어닥치는 직선적인 바람이 건물을 향하여 화살과 같이 들어오기 때문이다. 도로에서 직선으로 부는 바람이 건물을 향하여 불어올 때 주택 내부의 기운은 관통하게 되고, 이러한 집에서 살면 건강을 잃게 된다.

막다른 도로의 길이가 길수록 바람의 속도는 높아진다. 막다른 도로가 짧은 경우에는 오히려 도로가 기운을 모아주는 역할을 하기 때문에 좋은 집으로 될 수도 있다. 막다른 도로는 아니라 하더라도 큰 도로가 마주 뚫려 있는 위치, 즉 정면으로 도로를 바라보는 위치에 있는 점포는 막다른 도로의 경우와 같은 영향을 받게 된다.

도로와의 거리

도심지 내에서 건물을 짓는 경우에 도로면에 가까이 경계선까지 건물을 붙여서 지을 때가 많다. 도로에 바싹 붙이면 지나가는 사람들이 쇼윈도를 쉽게 볼 수 있는 장점이 있다. 그러나 풍수지리로 보면 도로에 가까울수록 그다지 좋지 못하다. 오히려 도로와 접하는 부분에는 주차장이나 정원을 만들고 건물은 후면에 위치하는 것이 더욱 좋다. 건물이 전면에 나와 있을 경우에 도심지에 통과하는 차량들에 의하여 내부의 기운이 바깥으로 빠져나가게 되기 때문이다. 도로보다 멀리 떨어져 있을수록 바람의 피해를 방지할 수가 있다.

그러므로 도로에 가까운 곳에는 주차장이나 정원을 설치하고 멀리 떨어진 후면에 건물을 배치하는 것이 이상적이다.

도로와 건물과의 접합

도로변에 건물을 짓는 경우에 가능한 건물 배치는 도로에 면하는 벽면이 좁고 내부 깊이가 깊은 것이 좋다. 도로의 기운이 집 내부에 들어와서 생기로서 모일 수 있는 형태이기 때문이다.

도로에 면하는 길이를 길게 하고 내부의 깊이를 얕게 하면, 도로에서 볼 때에 건물이 매우 크게 보이는 장점은 있다. 또한 쇼윈도가 넓어서 선전 효과도 높일 수 있으며, 도로면에 여러 개의 점포를 구획할 수도 있다. 그러나 이렇게 전면이 도로에 길게 접하고 있는 건물은 외부로부터 들어온 기운이 모일 공간이 내부에 없어서 오히려 생기가 부족하게 된다. 이러한 건물들은 외형적으로 보기에는 사업이 잘될 것 같으나 실속이 없다.

토지를 구획하는 경우, 주택지든 상업지든 도로에 면한 길이보다는 도로면에 직각으로의 길이가 더욱 길어야 한다. 이렇게 할 경우에 도로의 이용률도 좋아지고 건물의 형태도 도로로부터 바람을 받아서 생기를 만드는 과정이 이루어진다. 도로의 면에 필지筆地를 구획하는 대부분의 경우 도로면과 깊이의 비를 1:1로 하는 예가 많았는데, 이와 같이 필지가 1:1인 경우는 전면 부분은 마당을 설치해야 하는 관계로 도로면에 따라서 길게 지어질 수밖에 없다. 주거지역은 건폐율建蔽率이 60%인 만큼 40%의 부분은 마당으로서 남겨두어야 하기 때문이다. 주거지의 경우도 전면 길이와 깊이와의 필지의 형태는 1:2 정도가 적당하다고 본다. 그리고 상업지는 1:3 이상이 적당하다고 본다.

건물의 동서남북이 도로로 되어 있으면 좋은 건물이 되지 못한다. 건물이 도로에 많이 노출되면 도로에 의해서 건물 내부의 기운이 빠져나가기 때문이다. 또한 도로에 면한 벽면은 두께가 두꺼워야 좋다. 벽이 얇으면 도로를 통과하는 바람이 내부의 기운을 빼앗아 가게 된다. 이를 방지하기 위해서는 벽면의 두께가 두꺼울수록 좋다. 벽면의 두께가 얇거나 유리로 되어 있으면 바람이 통과할 때 내부의 기운이 쉽게 빠져나간다. 특히 유리창은 벽면을 많이 차지하고 있을수록 기운이 빠지는 양이 많아서 좋지 못하다. 유리창의 면적을 줄이고 두꺼운 벽면을 많이 하는 것이 생기를 이루는 데 도움이 된다.

건물과 도로와의 접근 각도

건물의 배치는 도로의 면에 따라서 도로의 진행 방향과 일치하는 것이 가장 이상적이다. 땅의 조건에 따라서는 도로와 땅이 직각으로 만나지 않는 때도 있지만, 이러한 때에도 전면의 벽면은 도로면과 평행하도록 하는 것이 이상적이다. 도로면에 평행하게 하면 바람의 진행이 순조롭게 되고 주변 건물들과 아름다운 형태로 균형을 이룰 수 있기 때문이다. 도로면의 방향과 어긋나게 건물을 배치하거나 도로면에 돌출되면, 바람에 직접 부딪힐 수도 있고 주변 건물과 어울리지 못할 수도 있다.

도로의 조경과 광장

도로는 많은 사람들이 즐겁게 생활하는 공간이 되어야 하고, 또한 바람의 속도가 느려야 한다. 그러기 위해서는 도로에 나무를 많이 심어야 한다. 나무는 사람에게 신선한 공기를 제공할 뿐만 아니라 차량에 의해서 발생된 바람도 막아주기 때문이다.

도로는 많은 사람들이 이용하는 곳이다. 차량이나 보행자는 물론 자전거가 지나다니며, 아이들의 놀이공간이 된다. 또 길가에 카페, 정원, 분수나 휴식공간 등을 많이 만들어 도로가 여러 사람들이 행복하게 지나는 공간이 되어야 한다. 도로의 기능이 휴식과 만남의 기능을 잃어버릴 경우 그 도로변의 거리는 살벌한 분위기가 된다. 도로라는 공간이 차량들의 통로로만 쓰이면 도심지는 더욱 황폐화하게 될 것이다. 도로변에는 조각이라든가 미술품, 역사적인 물건들이 있어 도시를 더욱 아름답게 한다.

새로 건물을 짓는 경우 도로에 면한 벽면은 도로에서 되도록 물러서서 도로를 넓게 하는 것이 이상적이다. 집을 짓는 사람마다 자신의 집에 면한 도로를 넓게 한다면 모두 원활한 도로를 사용하게 될 것이다. 그러나 집을 짓는 사람이 담을 도로 밖으로 내어 쌓아서 자기집 마당을 넓히면, 옆집의 사람은 더욱더 도로를 침범하게 된다. 이와 같이 도로에 면한 사람들이 조금씩 도로를 침범하면 도로는 폭이 좁아져서 사용할 수 없게 될 수도 있다. 그러면 모두가 불편하게 된다.

좋은 도시공간을 만들기 위해서는 도로를 넓히는 쪽으로 자신의 경계선부터 들여서 써야 한다. 도심지 내에서 큰 도로 주변에는 광장을 두어야 한다. 광장은 땅의 기운을 도시 내에 전달해 준다. 그리고 도로에 의하여 발생되는 강한 바람을 억제해 준다. 광장은 명당에 두어 많은 사람들이 공동으로 사용케 하는 것이 도시의 여러 사람들을 위하여 더욱 바람직하다.

도로변의 건물 높이

도로변 가까이에 높은 건물이 있는 경우 그 앞을 지나다니는 사람들은 불안감을 갖게 되기 쉽다. 무의식 속에서 건물 위에서 무엇인가 떨어질지 모른다는 불안감이 작용하기 때문이다. 그러므로 높은 건물은 도로에서 멀리 떨어져 있어야 한다.

도심지 내에서 건물이 높이 솟을 경우 주변에는 건물의 온도에 의해 바람이 불기 마련이다. 이것은 바람을 끌어올리는 대류 현상이고, 건물이 크고 높을수록 상승하는 바람은 더욱 커진다. 큰 건물 옆에 있는 사람들은 바람에 의하여 불안하게 된다. 불안한 사람은 자신에게는 물론 이웃 사람에게도 불쾌한 인상을 남기게 마련이다. 큰 건물들 주변에 있는 사람들은 마음이 여유롭지 못하고 긴장하며 살기 마련이다.

도심지 내의 건물들도 작을수록 좋다. 건물이 작아야 도로를 다니는 사람들이 평화롭게 생활하게 된다. 큰 건물들이 있을 경우 도로로부터 충분히 떨어져 있어야 다른 사람들의 피해를 줄일 수 있게 된다.

두 개의 도로가 만나는 곳에 위치한 건물은 그 높이가 다른 건물에 비하여 낮아야 좋다. 도로의 입구에 위치하는 건물이 높으면 불안감을 주게 되고, 하늘이 막혀서 보이지 않기 때문에 좋지 못하다. 그러나 입구의 건물이 낮으면 도로 안쪽 먼 곳까지 하늘이 보이게 되어 평화로운 분위기가 조성된다. 도로 안쪽으로 들어갈수록 높은 건물이 있고, 반대편 도로로 갈 때 건물의 높이가 낮아지면 건물의 스카이라인이 아름다워진다. 그러나 도로의 양 끝부분이 높아지면 흉하게 된다. 여러 건물들이 피라미드 형태에 가깝게 도로 양쪽으로 낮아지는 형태는 아름다운 산을 연상시켜 도시 공간이 더욱 아름다워진다.

도로보다 낮은 지역은 불리

도로변에 위치한 건물들은 도로로부터 기운을 받아들여야 집안에 생기가 발생하게 된다. 그러기 위해서는 도로보다 약간 높은 집이 바람직하다. 도로보다 낮은 주택에는 기운이 들어가기 어렵다. 그러므로 생기도 부족하게 된다.

도로 모이는 곳이 최고 길지吉地

풍수학은 음택陰宅과 양택陽宅으로 나뉜다. 음택은 죽은 사람을 매장하는 분묘를 가리키고, 양택은 산 사람의 주거 공간을 의미한다. 쉽게 말해 음택풍수학이 죽은 사람이 누울 곳을 찾는 것이라면 양택풍수학은 산 사람이 살아갈 곳를 찾는 것으로 결국 '좋은 터 잡기'라는 점에서 그 기본 원리는 동일하다. 하지만 죽은 자의 묘墓와 산 자의 집家屋은 그 목적과 음양陰陽의 기질이 다르므로 이론상 명확하게 구분되는 개념이다. 일반적으로 고대의 풍수는 음택묘터 연구가 주류였고 현대에는 양택집터 위주로 바뀌어 왔다고 여기고 있지만, 사실 고대의 풍수는 양택에서 시작해 음택으로 발전했다. 하남성 은허殷墟 유적지에서 발굴된 갑골문자에는 천지신명을 향해 집터의 적합 여부를 묻는 점치는 의식의 흔적이 남아 있다.

재주와 지혜가 공자같이 뛰어난 현인도 성공하지 못하는 경우가 있으니 "재주가 많고 품위가 있다고 해서 반드시 그가 부귀하리라는 보장이 없고, 지혜가 부족하고 덕망이 없다 해도 반드시 그가 빈천하리라 단언할 수 없다"는 것이다.

이와 같은 주장은 이른바 사주학四柱學 이론의 전개 과정에 지대한 영향을 미쳤다. 이처럼 음양오행사상은 명命의 단계인 명리命理:사주학 분야나 상相의 단계인 풍수風水의 중요한 이론적 근거다.

풍수학은 오랜 생활 경험이 축적돼 이룩된 학문이다. 양택풍수에서는 이를 바탕으로 먼저 길지吉地와 흉지凶地의 입지 조건을 몇 가지로 구분한다. 우선 길지吉地로 꼽는 곳은 양지陽地바른 곳이다.

인체는 생기生氣를 땅에서만 받는 것이 아니라 태양으로부터도 받는데, 같은 햇빛이라도 아침 햇빛은 이롭고 저녁 햇빛은 이롭지 않은 것으로 친다. 동남향집의 베란다에 놓인 화초가 서향집의 화초보다 잘 자라는 이치와 같다.

그러나 남향의 배치라 해도 북쪽이 높고 남쪽은 낮아야 하는데 이런 유형의 대지를 찾기가 쉽지 않다. '남향집에 살려면 삼대가 음덕을 쌓아야 한다'는 민간 속담이 존재할 정도다. 물론 남향이 아니라도 남향 못지않게 생기를 받을 수 있는 건축 방법이 있기는 있다. 바로 배산임수背山臨水의 배치법이다.

배산임수란 건물을 세울 때 산을 등지고 물을 바라보게 건축하는 방법이다. 가령 남쪽에 높은 산이 있고 북쪽이 낮아 하천과 평지가 펼쳐져 있으면 북향의 건물을 짓는 것이 배산임수의 배치법으로 남향 배치보다 더욱 의미가 있고 좋은 방법이다.

또 건물의 앞쪽에 도로나 하천이 있어 마치 건물을 감싸 안은 듯한 형세를 수룡환포水龍環抱라 해 매우 길한 터로 친다. 풍수에서는 도로道路를 수룡水龍으로 보며, 물이 만나는 곳에 기氣가 모이듯 도로가 만나는 곳에 기氣가 모인다고 본다.

이런 이유로 교통이 편리한 중심지에는 자연히 각종 문화시설이 들어서게 되는데, 바로 이런 곳이 인간생활의 중심지가 된다. 특히 도로 교차로에 위치한 빌딩의 가치가 높은 것도 이런 이치에 따른 것이다.

고층아파트가 좋은가?

고층일수록 '홀아비' 공간, 큰나무 높이가 '생기' 한계

사람이 밤에 편안하게 잠을 자기 위해서는 기본적으로 비바람을 막아주는 아늑한 집이 필요하다. 인간의 조상들이 오래전부터 잠자온 공간은 땅속인데, 땅은 어머니의 품과 같은 따뜻하고 편안한 잠자리를 제공했다.

오늘날 도시의 제한된 땅과 높은 인구밀도는 고층의 아파트를 만들어냈다. 그러다 보니 사람의 잠자리가 땅속으로 들어가는 것이 아니라, 반대로 엘리베이터를 타고 하늘 높이 올라가고 있다.

현대인들이 저층보다 고층의 아파트를 선호하는 데는 전망이 좋고 소음이 적으며, 모기나 해충이 없고, 채광이 좋다는 등 몇 가지 근거가 있다. 그러나 풍수이론으로 보면 고층아파트는 결코 사람에게 편안한 잠자리 공간이 아니다.

사람은 양에 해당하는 하늘의 기운과 음에 해당하는 땅의 기운을 동시에 받고 살아간다.

그런데 지표면에서 떨어진 고층으로 올라갈수록 땅의 기운은 적어지는 대신 하늘의 기운이 강해진다. 이에 따라 양의 기운만 받는 고층아파트는 어머니의 기운이 부족한 홀아비의 공간이며, 사람의 잠자리로는 명당이 될 수 없는 것이다.

지표면에서 가장 높이 살아 있는 생명체는 나무이며, 나무보다 높은 곳은 생명체의 거주지로 적당하지 않다. 나무의 높이는 수종이나 지역에 따라 다르지만 대개 15m 정도로 본다. 이를 아파트에 적용하면 아파트 한 층의 높이는 2.5m 이내이므로 6층 정도를 나무 높이로 볼 수 있다. 즉 아파트는 6층까지가 땅의 기운을 받는 생기 있는 공간이며, 그 이상은 생기가 없는 공간이 된다. 이 때문에 고층아파트에서는 화단을 가꾸어도 나무와 화초가 잘 자라지 않는다. 하늘 높이 날아다니는 새들이 물가나 나무 위에서 잠을 자는 것도 잠자리는 낮은 곳이 좋다는 사실을 나타낸다.

고층일수록 바람이 많이 불고 공기 압력이 낮아져 저기압을 이루게 되는데, 이런 곳에서 장기간 생활하면 인체의 신진대사에도 좋지 않은 영향을 미치게 된다. 저기압 날씨에 신경통이나 관절염을 앓는 사람이 많은 것도 같은 맥락이다. 이렇게 본다면 아파트의 명당은 6층 이하이며, 역설적으로 요즘 사람들이 꺼려해 집값도 싼 1층이 명당에 가장 가깝다. 다만 아파트가 길가에 있거나 매립지 터에 있다면 약간 높아야 한다. 사무실의 경우는 낮에만 생활하고 잠을 자는 공간은 아니므로 고층이라도 무방하다 할 것이다.

햇빛 잘 드는 남향집보다 바람 잘 통하는 게 좋은 집

예로부터 남향집은 길하다고 여겨져 왔다. 이는 오늘날 아파트에까지 이어져 남향집을 동향집이나 서향집보다 더 선호한다. 이에 따라 대단위 아파트일수록 직선형의 병풍 모양을 이룬 남향 배치가 일반화되고 있는 실정이다.

남향집은 햇빛을 가장 오래 받는 장점을 지니고 있다. 하지만 사람의 건강에 끼치는 영향력으로 따지면 햇빛보다 더 중요한 것이 바람이다. 빛은 북쪽에서 반사광선으로 실내로 들어와도 무방하지만, 신선한 공기는 잠시라도 없어서는 안 되는 요소이기 때문이다.

북반구에 사는 우리는 오래전부터 남향집을 선호해 왔다. 남향집의 장점은 태양의 영향을 온전히 받는 데 있다.

태양은 인간에게 세 가지 영향을 준다.

첫째가 햇볕Sunshine이다. 햇볕은 따뜻함이다. 이는 지구온난화와 아파트의 중앙난방시설로 메리트가 많이 감소되었다.

둘째가 햇빛Sunlight이다. 햇빛은 밝음이다. 이전 원시시대 동굴에 살던 때가 아니라 이제는 밤낮으로 인공 조명을 켜고 살아가는 시대라 자연채광도 좋지만, 예전보다 남향을 선호하는 이유로서는 퇴색되었다.

셋째로는 햇살sunbeam을 들 수 있다. 햇살은 자외선 소독이다. 이것은 또한 光노화를 함께 불러오니 굳이 남향과 태양의 영향을 고집할 필요가 적어졌다.

북향집 명당이 있다. 전남 고창군 줄포면 인촌리에 있는 인촌 김성수 선생의 생가가 그곳이다. 인촌의 집안은 대대로 호남의 만석꾼이었다. 그런데 인촌의 생가는 남향집이 아니라 북향집에 북쪽으로 대문을 냈다. 북쪽에 바다가 있고 남쪽에는 산으로 둘러싸여 있는 지세였다. 인촌 생가가 다른 집들과는 달리 북쪽으로 대문을 내고 바라보고 있는 것은 다름 아닌 배산임수背山臨水 이론에 따른 것이었다.

경남 합천 해인사는 남서향인데, 이처럼 국내의 오래된 사찰들은 하나같이 방향과 관계없이 산을 등지고 물을 향하는 배산임수형 배치임을 볼 수 있다.

서울 창경궁이 동향집에 동향 대문이고 종묘가 남서향 배치인 것도 모두 같은 원리다. 산줄기의 맥에 터를 잡고 산을 등지고 물을 바라보는 배치를 취했던 것이다.

배산임수 배치가 풍수이론상 이상적인 이유는 집의 방향이 바람의 방향과 정반대에 놓이게 되기 때문이다. 즉 신선한 바람은 강물이나 바다가 있는 낮은 지대에서 불어오며, 물을 향해 대문을 배치한 집은 신선한 바람이 집 내부까지 잘 들어오게 되는 것이다.

집안으로 신선한 바람이 잘 들어오면 실내의 압력이 높아지고 그 안의 사람에게 생기를 불어넣게 된다. 따라서 가족의 건강을 생각한다면 아파트든 단독주택이든 꼭 남향집을 고집할 필요가 없는 셈이다. 그보다는 산을 등지고 강을 바라보는 배산임수형으로 배치된 집이 명당이라 할 수 있다.

남향집과 북향집

전국 각지의 명문 고택과 전통가옥 등을 둘러보면 대개 남향집들이 많다. 남향집은 여름엔 시원하고 겨울에는 햇볕이 방안 깊숙이 들어와 사계절 살기에 좋기 때문이다. 반면 북향집은 낮에도 실내가 다소 어두컴컴하고 겨울에는 확실히 춥다. 자연히 전기세나 난방비가 남향집보다 많이 드는 편이다.

아파트도 마찬가지다. 거실 베란다가 남쪽으로 난 남향 아파트는 다른 향의 아파트보다 분양이 잘되고 더 높은 값에 거래된다. 북향 아파트는 꺼리는 대상 1순위로 꼽히기도 한다. 과연 북향집은 무조건 피해야 할까.

서울 한강변을 지나다 보면 강을 사이에 두고 아파트들이 줄지어 서 있는 게 보인다. 한강 북쪽의 강북 아파트들은 한강을 바라보는 남향 구조가 많다. 반면 한강 남쪽의 강남 아파트들은 최근 지어진 곳일수록 한강이 바라보이는 북향 구조가 많은 편이다. 여기에는 '한강 뷰'를 확보해야 아파트 값어치가 높아진다는 현실적 계산이 개입돼 있다.

그렇다면 한강 뷰View를 가진 강남 아파트와 강북 아파트 중 어느 쪽이 더 비쌀까. 남향집과 북향집의 논리대로라면 당연히 남쪽으로 한강을 바라보는 강북 아파트가 더 인기가 좋고 값도 높아야 할 것이다. 그런데 각종 부동산 통계를 보면 북향인 강남 아파트들이 훨씬 더 인기가 높다. 심지어 원래 남향으로 지어진 강남 아파트들 중에는 거실 베란다 반대쪽으로 통유리를 설치하는 등 리모델링을 통해 한강 조망권을 확보하는 경우도 적잖다. 이는 인위적으로 아파트를 북향집으로 개조한 사례에 해당한다. "남향집에 살려면 3대가 적선積善해야 한다"는 옛말이 무색할 정도다.

사실 두 지역의 부동산값 차이는 남향이나 북향과는 별 관계가 없다. 이는 오히려 서울의 지운地運과 연계돼 있다. 강북과 강남은 행정구역상 모두 서울시이지만 땅의 '족보'는 엄연히 다르다. 한북정맥에 속하는 강북지역은 500여 년 넘게 조선의 수도 역할을 하면서 지운이 상당히 쇠한 반면, 한남정맥에 속하는 강남 땅은 백제의 수도였다가 1,500년 만에 다시 지운이 한창 부활하고 있는 곳이다. 강남의 지운이 강북보다 왕성하다는 뜻이다. 서울이 지금까지 대한민국의 수도로 제 역할을 하고 있는 것은 한양 기운을 강남이 보충해주고 있기 때문이라는 게 풍수적 해석이다.

남향보다는 배산임수背山臨水가 먼저

강남과 강북의 비교는 오히려 배산임수의 풍수 원리로 살펴보아야 한다. 배산임수는 산을 집 뒤로 두고 물을 앞에서 맞이하거나 가까이 두는 구조를 가리킨다.

강북은 지형상 북쪽으로 산을 두고 남쪽으로 한강을 끼고 있는 지형이다. 그러니 강북에서는 배산임수와 잘 어울리는 남향집이 자연친화적인 주거가 된다.

강남은 강북과 지형이 다르다. 청계산에서 펼쳐져 나온 우면산이나 대모산 등이 남쪽에 있고 한강이 북쪽으로 흐르고 있다. 남쪽이 높고 북쪽이 낮아지는 남고북저南高北低 지형이다. 따라서 남쪽의 산을 집 뒤로 두고 북쪽의 한강을 앞으로 바라보는 북향집이 자연친화적이다.

만약 강남에서 강을 뒤쪽으로 두고 산이 앞으로 보이는 남향집을 지으면 어떻게 될까. 무엇보다도 바람이 부는 방향을 생각해 보면 억지스러운 구조가 될 수 있다.

바람은 기압의 차이에 따라 생기는 물리적 현상이다. 보통 낮에는 한강 쪽에서 우면산, 대모산 등 산쪽으로 강바람이 불고, 밤에는 반대로 산에서 아래쪽 즉 강쪽으로 산바람이 분다. 밤에 산에서 불어오는 바람은 여름에도 서늘한 기운을 느낄 만큼 한기寒氣가 강하다. 인체 건강에 해롭다고 해서 살풍殺風이라고도 한다. 그러니 강남의 남향집은 밤마다 살풍을 정면으로 맞이하는 셈이다. 풍수에서는 건강뿐 아니라 재물운까지 빠져나간다고 본다. 다만 강남 남향집들은 주변에 들어선 고층건물 등이 살풍을 가려주는 장점도 가지고 있다.

북향집도 풍수 명당

은퇴를 전후한 시니어 세대 중에는 자연을 즐기는 전원주택단지나 쾌적하고 전망이 좋은 아파트를 찾는 이들이 많다. 부동산 종사자들에 의하면 이들은 대체로 '전망 뷰'를 확보한 곳을 으뜸으로 꼽고, 습관적으로 남향 구조를 주로 많이 찾는다고 한다.

그러나 전망이나 향보다 우선적으로 고려해야 하는 점이 배산임수의 조건이다. 집 뒤로 산이나 언덕이 든든한 배경처럼 자리 잡고 있고, 앞이 낮게 툭 트인 곳이나 물이 흘러가는 곳이면 남향이든 북향이든 동향이든 가릴 게 없다. 방향이 중요한 게 아니라 지형과 지맥地脈의 흐름에 맞추어야 온전히 땅 기운을 누릴 수 있기 때문이다.

대표적인 예가 전북 고창군 줄포면 인촌리에 있는 인촌 김성수 생가와 충남 아산시 배방읍에 있는 조선의 명재상 맹사성 생가다. 두 곳 모두 북향집이면서, 한국을 대표하는 양택 명당으로 꼽힌다. 두 집이 북향을 하게 된 데는 배산임수의 지형을 따랐기 때문이다. 즉 남쪽으로 산을 두르고 있고 북쪽으로 물길이 보이는 북향 구조를 해야만 지기가 맺힌 혈穴에 집을 지을 수 있었던 것이다.

한편으로 상대적으로 인기가 떨어지는 북향집을 역으로 활용하는 방법도 있다. 단독주택을 허물어 건물을 신축할 계획이라면 북향집이 더 유리할 수 있다. 뒷집의 일조권을 침해하지 않도록 건물 높이를 제한할 필요가 없어지기 때문이다. 낮에도 어둑한 것은 현대의 조명으로 해결할 수 있고, 겨울 추위는 최신식 난방 기구가 해결해 주는 세상에서 북향집의 단점은 충분히 극복된다. 배산임수에 맞는 북향집이 점차 주목받게 될 것이다.

사람이 살기에 가장 적당한 넓이는

집은 욕망을 반영하게 되고 인간의 욕망은 끝도 없으므로 이런저런 공간을 다 붙이다 보면 나이가 들수록 집은 갈수록 점점 더 커지게 된다.

'국민 평수'라 부르는 33평전용면적 85㎡ 이하를 국민주택이라 칭하면서 33평 아파트는 3~4인 가족이 생활하기에 가장 보편적이고 표준적인 집의 평수가 되었다. 무조건 큰 것이 덕목인 시대는 지났다. 가족의 구성원이 줄어들며 큰 평수에 대한 수요가 줄었고, 발코니 확장이 자유로워지며 약 8~9평 정도의 추가적인 면적 확보가 가능해져 옛날 아파트의 40평형 정도의 공간을 확보할 수 있기 때문이다. 33평형은 방 3개가 기본인데 4인 가족 기준으로 충분히 다양한 라이프스타일을 반영한 공간 활용이 가능한 것이다.

1인 가옥이 늘어나는 추세이고 자녀가 독립하고 노부부가 사는 아파트가 늘어나니 이제 국민평수도 20평대로 옮겨가는 추세이다.

필요 이상으로 집이 커지면 다음과 같은 단점이 발생한다

1) 청소 및 관리가 힘들어진다.

2) 난방, 냉방비가 증액되어 부담이 가중된다.

3) 빈방이나 빈 공간은 음기로 차서 질병과 면역력이 약해진다.

필요 이상으로 큰 집에 살다 보면 집을 어깨에 지고 살게 된다. 따라서 가족 수에 맞춰 적절한 면적으로 집을 구하는 것이 중요하다.

그렇다면 가장 적절한 집의 사이즈를 대략적으로 계산할 수 있는 가장 큰 기준은 무엇일까? 바로 '가족 구성원의 수'이다.

집의 기준 평수

1) 전통적인 대가족 기준 = 5인 가족 거주 시 35평5인 가족, 방 4개

2) 현대 주거 스타일 기준 = 부부+자녀 1~2인 30평방 3개

3) 독신 가구 스타일 기준 = 1인 거주 20평방 2개

4) 풍수지리에서 제시하는 기준 = 상시 거주자 나이를 더하여 3.3으로 나눈 수

예: 가족 구성원이 48세, 45세 18세 15세 4식구가 산다면, 이들 가족의 나이 합계는 126세, 126 나누기 3.3 하면 38평이 된다.

풍수인테리어와 건강

건강에 영향을 주는 요인은 여러 가지가 있다. 즉 음식의 종류와 양, 요리 방법, 수면 시간, 물의 양과 질, 청결 상태, 체온 유지 상태, 스트레스 유무, 전자파에 대한 노출 정도 등 무수히 많은 것들이 건강의 변수이다.

우리 인간은 생활하면서 알게 모르게 선택해야 하는 그 많은 변수들에 둘러싸여 있고 또 수시로 선택하며 살아가고 있다. 설혹 본인이 선택했다는 생각 없이 어떤 일을 했더라도 그것 역시 선택을 한 것이다. 사람은 언제나 이런 선택을 하며 생활하는데, 건강한 사람은 자신도 모르게 자신에게 좋은 선택을 나쁜 선택보다 많이 한 사람이고, 환자나 건강하지 못한 사람은 좋은 선택보다 나쁜 선택을 많이 한 사람이다.

그런데 지기는 과연 건강에 영향을 미칠 만큼 중요한 변수일까? 결론부터 얘기하자면 "그렇다". 그것도 그 영향이 매우 커서 나쁜 지기를 선택하면 건강을 해치게 된다.

지금까지는 나쁜 지기라는 의미로 사용된 수맥파라는 말 때문에 지기 또는 땅 기운 하면 좋지 않은 기운으로 생각하는 경우가 많았다. 하지만 지기는 좋은 땅 기운과 나쁜 땅 기운 즉 건강에 좋은 지기도 있고, 나쁜 지기도 있다.

좋은 지기가 있는 곳이 길지吉地인데, 길지에 있으면 풍수에서 주장하는 행운과 부귀, 명예를 가져온다는 내용의 진위는 젖혀 두고라도 길지의 특성인 따뜻하고 부드럽고 긍정적인 기운이 몸과 마음을 부드럽고 편안하게 하므로 건강에 큰 도움이 된다. "좋은 지기를 선택하는 것은 3대에 걸쳐 적선을 쌓아온 공덕"이라는 말처럼 좋은 지기를 얻는 것은 큰 복과 행운을 가진 것이라고 할 수 있다.

앞으로 병원이나 국가의 중요 정책결정기관 등을 좋은 지기가 지나가는 곳에 짓는다면 보다 높은 치료율과 보다 좋은 정책 결정을 얻을 수 있을 것이다.

반면에 나쁜 지기가 있는 곳은 흉지凶地인데, 흉지 위에서 생활하면 피로감이 심하고, 머리가 멍하며, 정신집중도 잘 안 된다. 잠이 깊이 들지 못하고 꿈을 많이 꾸어 자고 나도 머리가 무겁고 짜증이 난다. 또 나쁜 파장의 영향을 받기 때문에 긴장감이 쌓여 공격적인 성향을 보이기도 하며, 장기간 영향을 받으면 신경질적인 성격이 되고 무력감에 빠지기도 한다.

흉지 위에서 생활한 기간이 짧더라도 몸에 이상이 커서 큰 병인 것처럼 느껴질 때가 있다. 나쁜 지기에 오래 노출되었지만, 장소를 옮겨서 바로 병이 낫는 경우도 있다. 하지만 나쁜 지기의 영향 때문에 몸의 여러 곳이 상해 있을 때는 나쁜 지기가 없는 곳으로 옮겼더라도 상당 기간 동안 치료해야 하는 경우도 있으니 함부로 속단하면 안 된다.

좋은 터와 건물로 이루어진 기운이 잘 운행되려면 실내의 물건들이 적절히 배치되어야 한다. 책상이나 침대, 소파, 화분, 식탁, TV 등이 조화롭게 배치되지 않으면 좋은 기운이 제대로 순환되지 않아 터와 건물 형태에서 오는 좋은 에너지를 제대로 활용할 수 없다. 나쁜 터와 건물로 이루어진 기운도 실내 인테리어가 조화로울 때에는 나쁜 기운을 조금이라도 줄일 수 있다.

인테리어를 할 때 가장 중요한 점은, 공부하는 곳처럼 많은 시간을 보내는 곳을 어디에다 배치하느냐 하는 것이다. 많은 시간을 보내는 곳인 만큼 그 장소의 영향을 많이 받는다. 제일 많은 시간을 보내는 침실의 배치는 각 방의 주인을 찾는 것과도 통한다. 풍수인테리어에서도 구조보다는 지기에 비중을 두어야 하는데, 여러 지기 중 생기가 가장 중요하고 그 생기를 어떻게 살리느냐가 관건이다. 나쁜 지기는 차단하면 되지만 생기는 각자에게 어울리는 것이 따로 있으니 이 생기와 어울리는 사람이 그 방의 주인이 되는 것이다.

먼저 건물 내에 지나는 생기를 찾는다. 그다음 그 생기가 가족 누구에게 어울리는지 찾는다. 부부에게 어울리는 생기가 지나는 곳을 안방으로 정하고 그 생기가 지나는 곳에 침대를 놓는다. 침대를 사용하지 않을 때는 그 자리에 이부자리를 펴면 된다. 침대를 놓을 때는 그 생기와 가장 많이 겹치게 놓을수록 좋다. 마찬가지로 부모에게 어울리는 방, 아들이나 딸에게 어울리는 방을 찾아 침대를 생기가 있는 곳에 배치한다. 그래야 자면서 자신에게 맞는 생기를 흠뻑 받을 수 있다. 이것이 자기 집의 좋은 기운을 가장 잘 누릴 수 있는 비결이요, 양택론의 핵심이다. 사무실에서는 이 핵심 되는 자리에 침대 대신 책상과 의자를 놓는데 특히 의자가 그 자리에 놓이도록 해야 한다.

침대든 책상이든 생기를 살리는 것도 좋지만 그 방의 전체적인 조화를 깨뜨리지 않는 범위 내에서 배치하도록 한다. 예를 들면 침대를 방 한가운데에 배치하면 아무리 생기를 많이 받더라도 방의 공간을 잘 활용할 수 없으므로 생기를 많이 받되 가능하면 한쪽 모서리에 위치하도록 한다.

만약 건물 내부에 생기가 없다면 방사탐지법Dowsing으로 방이 누구에게 좋은지를 가려내고 그 방에서 침대나 책상 등이 놓일 가장 좋은 자리와 가장 좋은 방향을 찾으면 된다.

이처럼 각 방의 위치와 그곳의 가구나 비품이 결정되면 나머지 가구들과 화분 등은 쉽게 결정할 수 있다. 예를 들어 식탁의 위치를 찾을 때는 "전체의 내부 공간에너지를 살릴 수 있는 식탁의 위치는 어디인가?"라고 생각하며 방사탐지를 하면 적절한 위치를 찾아낼 수 있다. 화분을 놓을 때는 식물의 종류에 따라 놓는 위치가 달라지게 되는데, 이 경우 주의할 점은 내부 공간의 최적 기준은 식물이 아니고 사람이기 때문에 질문을 정확하게 해야 한다는 것이다. "집주인에게 좋으면서 이 식물에도 좋은 자리는 어디인가?"라고 생각하며 탐지하면 된다.

TV나 컴퓨터, 에어컨 등 전자제품의 배치, 장롱, 난방 기구, 그림 등의 배치도 방사탐지법을 이용하면 적절한 위치를 알아낼 수 있는데, 항상 주의할 점은 언제나 그 방 내부의 기운이 최고가 되도록 염두에 두며 인테리어를 해야 한다는 것이다. 이렇게 내부의 장식적인 멋보다 실내의 공간에너지가 커지도록 가구나 집기 등을 배치하는 것을 풍수를 감안한 인테리어, 줄여서 풍수인테리어라 부른다. 집터가 좋고 그 위의 건물이 좋으며 또한 그 건물 내부의 배치와 인테리어가 좋을 때 명당에 살고 있다고 자부해도 좋을 것이다.

음식점, 옷가게, 금융점포 등 고객을 많이 끌어야 하는 업종에서는 일단 사람들이 많이 드나들어야 하기 때문에 움직이는 외부의 기운 즉 동기動氣가 많은 곳에 위치해야 하고, 또한 그 동기가 내부로 들어올 수 있도록 동기가 흐르는 곳에 출입문을 내야 한다. 그래야 사람들이 자연스럽게 이 동기를 타고 점포 안으로 들어오게 된다. 점포 안에 생기가 흐르고 있다면, 주인이 앉는 계산대를 생기 중에서도 재물기가 지나가는 곳에 두면 재물운이 좋아진다.

집안에 두면 안 되는 물건

치워야 할 물건들

1) 고장 난 물건: 시계, 자전거, 우산, 선풍기 등 이런 것이 주위에 있으면 내 삶도 고장이 난다.
2) 녹슨 기구: 칼, 가위, 바늘, 수저, 식기 등은 건강에도 좋지 않을 뿐더러 자칫하면 파상풍을 일으킨다.
3) 생기 없는 물건: 조화, 박제, 드라이플라워는 우리 가족의 생기를 빼앗아간다.
4) 짝 잃은 물건: 세트 물건, 귀걸이, 수저, 양말 등 한 짝이 없는 것에는 좋은 기운이 없다.
5) 철 지난 물건: 전년도 달력, 하로동선夏爐冬扇 등 역할이 끝난 물건은 제철이 지나면 치운다.
6) 고장 난 인형: 류감주술類感呪術, 원래 인형에는 주술적인 것이 있다.
7) 주워 온 물건: 원래 주인의 기운이 묻어 있으므로 나쁜 기운이

옮겨올 수 있다.

8) 입지 않는 옷: 衣+人=依, 나의 삶을 타인에게 의지하게 한다.

9) 신지 않는 신발: 최근 2년 이내에 한 번도 신지 않은 신발이나 오래된 신발은 버려라.

10) 유품遺品: 특별한 것이 아니면 보이지 않는 곳에 보관하고 소지하지 말라.

현관에 두면 안 되는 물건

1) 바퀴나 날개가 달린 것: 자전거. 선풍기. 유모차. 킥보드

2) 살상 도구: 골프채. 낚시도구. 사냥총

눈에 잘 띄는 곳의 약봉지

풍수인테리어에서 약봉지가 눈에 띄면 좋지 않다. 사람들은 주기적으로 약을 복용하는 시기를 잊지 않기 위해 눈에 잘 띄는 곳에 약봉지를 두기도 하는데, 이는 풍수에서는 금기시되는 일이다. 치료약이든 건강보조식품이든 마찬가지다. 집안에서 약이 늘 눈에 띄게 되면 약의 영향력을 벗어나지 못하고, 계속 약을 먹어야 하는 운명이 된다. 풍수의 관점이 아니더라도, 특히 유아가 집에 있는 경우에는 잘못 약을 복용하는 일이 없도록 약봉지는 서랍 등에 넣어 보관하는 것이 좋다.

죽어 가는 생물

죽어 있는 물건은 산 사람의 생기를 빼앗아간다. 특히 집안에서 기

르던 식물이나 애완, 반려동물이 죽으면 큰일이다. 그때는 집안의 기운을 바꿔줘야 한다.

파손된 완구

집에서 가지고 놀던 장난감이 고장 난 채로 방치하면 그것을 가지고 놀던 아이에게 나쁜 기운이 생긴다. 여자아이의 경우 캐릭터 인형이나 봉제인형이 너무 많으면 풍수에서는 나쁜 영향을 끼친다. 특히 곰 인형 같은 봉제인형은 양의 기운을 가지고 있어서, 그 수가 너무 많으면 양의 기운만 넘쳐 만남의 운을 소멸시킨다. 특히 제대로 된 모습이 아니라, 어느 한곳이 파손된 인형의 경우에는 풍수가 아닌 일반적인 인테리어 관점에서도 나쁜 영향을 끼친다.

뾰족하거나 날카로운 물건

날이 서서 뾰족한 물건이 계속 눈에 보이거나 집안 어딘가에 방치돼 있으면, 심리적으로 불안하거나 어딘가 잘못되었다는 신호를 계속 받게 된다. 송곳 같은 도구는 공구박스에, 깨진 유리창이나 거울 등은 쓰레기이므로 잘못 만지다가 다치는 일이 없도록 바로 버려야 한다.

고장 난 시계

시계는 4각이 아닌 8각이나 원형이 좋다. 만약 삶에서 시간과 관련된 문제가 자꾸 생긴다면, 집에 방치돼 있는 고장 난 시계를 고치거나 배터리를 갈아 끼워야 한다.

출처가 불분명한 중고 물품

남이 사용하는 물건에는 그 사람의 기운이 담기게 된다. 복이 많은 사람일 경우에는 그 사람의 운과 복을 나눠 받을 수 있지만, 그렇지 않은 경우에는 불길한 기운이 옮겨가게 된다. 누군가가 선의를 담아 선물한 물건이라면 모르지만, 혹여 출처를 알 수 없는 중고 물품이나 길을 가다 주운 물건이라면 불길한 기운을 받을 수 있다. 그러므로 출처가 불분명한 것을 집에 두지 않는 것이 좋다. 당근마켓이나 중고센터에서 사오는 것도 좋지 않다.

고인의 물품

고인의 유품을 정리하는 것은 쉬운 일이 아니다. 고인의 물품은 유품으로서의 가치가 있는 물건이 아니라면 모두 깨끗이 정리하는 것이 좋다. 고인을 기억하기 위해, 고인의 물품을 집안의 눈에 띄는 곳곳에 비치하는 경우가 있다. 고인의 물품을 버리지 않고 쌓아 두거나 보관하는 행위는 지양하는 것이 좋으며, 유품 정리업체 등을 통해 버리거나 태우는 것이 좋다. 이때는 맑은 날 午時11시~13시에 태워야 한다.

짝이 맞지 않는 물건

풍수에서는 모든 물건에는 짝이 있다고 한다. 사주에 음과 양이 있듯 물건에도 음양의 조화, 즉 짝의 조화가 맞아야 한다. 신발, 양말, 장갑 등 일상용품부터 커피잔 세트, 수저 세트, 밥. 국그릇 세트 등 주방용품에 이르기까지 짝을 이루는 물건들은 반드시 짝을 맞춰서

차려야 한다. 짝이 맞지 않는 물건을 사용할 경우 일이 어긋난다. 그러므로 본래 짝을 이루는 물건이지만 어느 한쪽을 잃어버린 경우에는 나머지 한쪽은 과감하게 정리하는 것이 좋다.

어두운 느낌의 그림

풍수인테리어에서 집안에 두는 것을 권하는 그림은 생명이 있는 꽃 그림과 같이 공간에 생기를 불어넣는 종류다. 붉은 꽃은 창의력 발전에 좋고 승진, 시험과 관련된 행운을 불러오며, 노란 꽃 액자는 재물운에 좋다. 반면, 어두운 느낌의 인물화나 추상화는 피하는 것이 좋다. 가족의 사진이 아닌 인물이 그려진 인물화, 의미를 알 수 없는 추상화는 나쁜 기운을 불러오기 쉽다.

숯

숯은 공기 정화의 능력을 가지고 있어서, 한동안 숯으로 만든 장식물이 인테리어 소품으로 인기를 끌기도 했다. 하지만 숯은 생기가 없는 물건이라, 풍수인테리어에서는 좋지 않은 것으로 본다. 특히 잠자리 머리맡에 숯 장식을 두는 것은 피하는 것이 좋다. 숯 장식물은 눈에 띄지 않는 곳에 넣어두고, 공기 정화의 역할만 할 수 있도록 비치하는 것이 좋다.

선물해서는 안 되는 물건들

선물은 선의로 복을 나누는 행위이다. 선물의 종류와 대상에 따라 나누어도 줄지 않는 것이 있고, 주면 내 것은 없어지고 받은 사람에게 복이 옮겨가는 것이 있다. 줘도 줘도 끊임없이 생기는 것은 법보시法報施라고 한다. 요즘 개념으로 말하면 정보 전달, 지식 나눔이다. 교학상장教學相長도 같은 의미이다.

다음은 내가 남에게 선물해서는 안 되는 종류다.

1) 집에서 분신처럼 기르던 반려동물. 반려식물

꼭 주고 싶으면 새끼를 낳아서 주거나 포기 나누기를 하여 분양하면 된다.

2) 오래되고 손때가 묻은 가구

남자의 물건: 이중 살림을 차리게 된다.

여자의 물건: 아내가 집을 나간다.

3) 모자를 선물하면 안 된다.

모자는 명예나 평판을 의미한다. 내가 잘 나갈 때 모자를 남에게 주면 운기가 남에게 옮겨간다. 옛날에도 갓이나 사모는 빌려주지 않았다.

4) 지갑을 선물하면 안 된다.

지갑은 재물운을 의미한다. 따라서 지갑을 선물하면 내 재물운을 남에게 넘기는 꼴이 된다. 그러나 이 분야에 공부를 많이 한 사람은 이 말을 잘 해석해야 한다. 자기 분수를 알고知分. 분수를 지키는 것守分이 중요하다. 분수에 넘치게 재물이 들어올 때가 있는데, 이럴 때는 재물을 나눠야 한다. 그렇지 않고 들어온 재물을 움켜쥐고 있으면 강제로 빼앗아간다. 빼앗아갈 때는 꼭 상처를 남기는데 예를 들면 수술해야 하든지, 사기를 당하든지, 투자한 것이 손실을 입든지 꼭 일정 수량 이상을 갖지 못하게 한다.

5) 전공서적을 선물하면 안 된다.

책은 윗사람이 아랫사람에게 주는 것이다. 책을 전하는 것은 학식이 높은 스승이 문하생에게 전수하는 것이지 도반끼리는 주지 않는다. 이 경우 꼭 저자나 스승이 사인을 해줘야 한다. 도반끼리 지식을 나누려면 책 이름을 말해주고 서점에서 책을 사게 해야 한다.

선물로 받으면 안 되는 것

1) 오래된 가구를 선물로 받으면 안 된다.

특히 준 사람의 사연이 묻어 있는 가구라면 더욱 그러하다. 이혼한 친구가 준 고급침대, 사업에 망한 사람이 경매에 내어놓은 집이나 자동차, 명예퇴직한 사람이 쓰던 책상과 컴퓨터 등이다. 병원의 병실 침대도 죽은 사람이 쓰던 침대가 있고, 살아서 제 발로 걸어 나간 사람이 쓰던 침대가 있다. 입원환자는 이런 것을 잘 모르니 간호사에게 물어보면 된다.

2) 특수한 사람의 사연이 깃든 물건을 받으면 안 된다.

사형수가 쓴 글씨나 그림안중근 의사의 글씨, 장기 복역수가 쓴 글신영복의 저서 《감옥으로부터 사색》, 장애인 단체가 만든 생활용품이 그러하다.

3) 불행한 기운이 깃든 물건을 취득하면 안 된다.

홍수에 떠내려 온 가재도구. 지진에 무너진 백화점의 흩어진 물건, 교통사고 현장의 물품. 망자의 유품고급 옷. 장식. 신발 등이 해당된다.

운이 풀리지 않을 때 과감히 바꿔야 하는 물건

1) 집이나 가게. 사무실의 조명이 꺼지거나 고장이 나서 깜빡이는 것은 바꿔라. 이는 전기를 아끼는 것과는 차원이 다르다.
2) 일이 잘 풀리지 않을 때는 스마트폰을 바꾸어라. 제일 좋은 스마트폰은 신제품이거나 비싼 폰이 아니다. 좋은 소식이 전해져 오는 폰이 좋은 폰이다. 70~80년대에는 결재 도장이나 인감도장을 좋은 기운이 있는 것으로 바꾸기도 했다.
3) 자신의 본명궁에 맞는 금융기관을 이용해야 한다. 지금의 은행은 이자나 금융 서비스 등이 비슷하다. 그리고 지점 숫자나 가까이 있는 창구는 별 의미가 없다. 모두 인터넷으로 은행 업무를 본다. 그런데 망하는 가게의 주인은 꼭 주거래은행이 본인의 본명궁에 나쁜 은행과 거래를 하고 있다. 이것만 알아도 큰 부자는 못 되어도 쓸데없이 돈이 지출되는 것을 막을 수 있다.

6장

가상家相과 비보풍수裨補風水

비보풍수裨補風水란 무엇인가

향후 우리나라의 국운이 융성할 것이라는 느낌은 풍수지리를 보는 눈이 조금만 열려 있으면 가질 수 있다. 삼천리 금수강산이란 말이 괜히 나온 말이 아니다. 우리나라는 다른 나라보다 월등하게 뛰어난 명당 혈처가 곳곳에 산재해 있다. 이렇게 풍수적으로 갖춰진 곳이라도 완벽하게 갖춰진 명당은 없다. 잘난 사람일수록 콤플렉스가 많고, 미인일수록 성형수술을 많이 하는 법이다. 땅에도 성형수술을 하는데 이를 비보풍수裨補風水라고 한다. 터에 기氣가 넘치거나 모자랄 때 인위적으로 나무 물 바위 기타 설치물로써 조치한다. 비보풍수는 우리나라에서만 발전한 풍수의 분야이다.

비보풍수론

우리 겨레는 삶의 터전인 자연환경과 더불어 조화로운 삶을 누리기 위해 독특한 풍수문화를 창안하고 발전시켜 왔다. 풍수론 중에서도 비보설裨補說은 자연과의 상생相生 관계를 구체적으로 맺기 위한 사상 및 논리로서, 취락을 풍수적인 규준에 맞게 조성하는 공간 원리가 되었다.

비보란 자연적 성국成局의 결처缺處를 보補하여 인위적으로 길국吉局을 형성하는 것으로, 인간이 자연환경과 상생相生, 조화 관계를 맺으려는 적극적이고 능동적인 전통지리사상이다.

과거에 비보설은 풍수의 논리체계에 들지 못하고 다만 '인위적으로 길국吉局을 만드는 법술法術' 수준의 풍수 응용 범주로 정리되었다. 그러나 비보설의 연원을 역사적으로 거슬러 올라가서 살피자면 신라 말 도선道詵의 비보사탑설에서 비롯되는 매우 오랜 전통을 가지고 있는 풍수신앙이며, 이것이 지리비보설로 발전하면서 도읍과 마을에서 삶터 공간을 이상적인 형태로 조영하는 원리가 되었던 것이니 지금도 그 자취는 취락 경관에 허다하게 찾아볼 수 있는 것이다. 이러한 점을 주목하여 90년 이후로 비보설은 '적극적이고 대동적인 삶터 추구의 지리학'으로서 새로이 모색되고 있으며 도선과 비보사탑설에 관한 연구가 계속되고 있다.

기존의 풍수론은 명당이 어디인지를 찾아 감별하는 논리가 체계화된 것이지만 비보론은 기존의 삶터를 이상적인 공간으로 만들려는 현실적이고도 능동적인 동기와 목적이 배어 있다. 비보풍수론은 민간이 풍수를 어떻게 받아들이고 활용했는지에 대한 풍수신앙이요, 민속풍수의 전형이기도 하다. 다시 말하자면 민속 혹은 민속신앙과 풍수가 결합한 형태로서 자리매김되는 것으로 풍수사상이 민속화된 것, 또는 민간인들의 생활양식에 수용·편입된 풍수문화로 정의할 수 있다.

비보사상에 포함된 원리에는 불교 신앙, 유물적類物的 민간신앙, 음양오행설의 상생·상극론, 풍수 지기론地氣論 등이 포함되어 있다. 그중 비보·압승의 구조적 원리 중의 하나는 음양오행설인데 비보는 상생이요 압승은 상극에 해당한다. 음허예컨대, 마을 어귀가 허한 경우를 보양조산 등하여 음양의 조화와 상생을 꾀하는 것이다.

비보는 대상지별로 산천[國域]비보, 왕도[國都]비보, 고을비보, 마을비보 등으로 나눌 수 있고, 형태별로는 사탑비보, 숲비보, 조산비보, 장승비보, 못비보 등으로 구분할 수 있으며, 기능별로는 수구막이, 보허, 화재 방어, 수해 방어, 흉상 압승 등으로 세분할 수 있다.

사탑비보는 산천지세의 풍수지리적인 조건에 결함이 있을 때 그것을 불교적인 수단을 통하여 보완하고자 한 형태로서 고려조에 성행했다.

비보 형태의 사적 전개 과정을 살펴본다면, 고려조의 산천과 국도비보를 위한 사탑 및 장생표의 설치에서 비롯하여 산천비보도감의 설치에 의한 조산造山비보, 축돈築墩비보 등이 시행되며, 조선조에 이르면 고을과 마을에서도 광범위하게 비보가 이루어지게 되어 비보형태도 숲비보, 못비보, 장승비보 등이 더해지게 된다. 특히 조선시기에는 마을의 민속신앙과 비보설이 결합하는데, 그 과정에서 장승·솟대, 성석, 숲, 당목, 돌탑 등이 비보풍수설과 복합하여 마을비보의 기능을 담당하게 되는 것이다.

비보법은 지세에 따라 다양하되 그 형태별로 보면 대체로 조산하거나 숲을 조성하거나 못을 조성하는 방법과 사탑이나 장승·솟대 등의 신앙물을 활용하는 경우도 있다. 비보장승, 조산돌탑신앙은 대체로 풍수지리를 바탕으로 해서 형성되었으며 전래의 서낭당 신앙이 풍수문화의 영향을 받아 새로운 양태와 기능성을 지니면서 창출된 것으로 볼 수 있다.

중국의 비보풍수도 그 원리나 기능 및 방법에 있어 우리와 대동소이하다. 촌락에서 이상적이지 못한 터를 보완하는 방법으로서 물을 끌어들인다거나引水, 나무를 심어서 배후背後에 있는 산을 보補하고 있는 것이다. 다만 중국은 물을 끌어 들이는 데引水 치중하는 반면, 한국은 조산비보와 같이 산에 강조점을 두고 있는 점, 그리고 형국비보가 다수 이루어지고 있다는 점이 다르다.

비보 경관은 아래의 세 가지 측면을 유의하여 살필 필요가 있다.

첫째는 비보 기능상의 문제로, 지세를 비보하는지, 흉상을 압승하는지, 수구막이를 하는지, 보허하는지 등의 측면이다.

둘째로 비보물의 형태적 측면으로서 무엇으로 비보하는지숲, 조산, 못 등의 문제이다.

셋째로는 발생적인 측면으로서 풍수 이전의 신앙적 비보경관과 풍수적 비보 경관과의 연속성 문제이다.

비보풍수裨補風水는 다음과 같이 한다.

1) 동수비보洞樹裨補: 마을의 특정 위치에 나무를 심어서 바람을 막고 홍수를 방비하려는 목적에서 나온 풍수비법으로 남해 어부방조림, 경북 예천 동림숲, 하동 솔밭, 함양 상림숲 등이 있다. 사람도 탈모가 되어 보기가 흉하면 털을 이식하여 심듯이 자연에도 나무를 심어서 흉한 바람을 막고 아름다운 경관을 조

성했다.

2) 화기비보火氣裨補: 혈처 명당 앞산이 화산火山인 경우 화기를 누르기 위해 불을 끄는 물이나 물과 관련된 상징물을 설치하여 화마를 물리치고자 한 풍수지리 비책이다. 경복궁을 관악산의 화기로부터 지키기 위해 호압사를 짓고, 서울역 근처에 인공연못을 팠으며, 광화문에 물을 관장하는 해태상을 설치한 것이 대표적인 사례다. 사람도 지갑 속에 부적을 넣어 다니거나 행운의 마스코트나 목걸이 묵주 팔찌를 걸치고 다닌다.

3) 산천비보山天裨補: 국가나 마을의 중흥을 위해 절을 짓고 탑을 세우고 장승을 세우는 등 풍수지리 비법 중 하나이다. 한양 도성 축조 후 숙정문을 짓고도 도성의 아녀자들이 바람이 날까 봐 사람이 통행을 못 하도록 막아둔 것이나, 창의문도 걸어 잠가 흉한 기운이 도성 안으로 못 들어오게 한 조치도 이와 같다. 전남 화순 운주사의 천불석탑, 진주에 있는 봉알자리와 남강변 대나무 식재, 각 지방에 남아 있는 장승, 벅수나 절간에 있는 당간지주고, 기자신앙祈子信仰의 대상인 남근석도 이에 해당된다.

4) 지명비보地名裨補: 건축이나 지명 이름을 발복의 이름으로 작명하여 그곳에 살고 있는 사람들의 염원을 이루고자 하는 풍수지리적인 비책을 말한다. 경향 각지에 산재하고 있는 전각의 이름과 편액이 이에 해당되고 마을이나 도읍의 이름도 이에 걸맞게 지었다. 동대문이 흥인지문興仁之門으로 된 사유도 여기서 찾을 수 있다. 사람의 작명이나 아호도 이에 해당된다.

좋은 환경으로 만드는 법

사람이 살아가는 공간에는 항상 유익한 기운과 유해한 기운이 공존하기 마련이다. 유익한 기운이 많이 있는 공간이 좋은 집이고, 유해한 공간이 많은 공간은 나쁜 집이다. 우리 조상들은 예전에는 집을 짓는데 필요한 건축자재를 자연에서 구했다. 목재와 흙을 주로 이용했다. 기와도 흙을 구워서 만들었고, 서민들은 짚을 엮어서 초가집의 지붕을 이었다. 난방도 구들장을 이용해서 불을 지펴서 그 불길을 구들장이 흡수해서 원적외선과 복사열로 난방했다. 이 난방법은 세계 어디에도 없는 가장 뛰어난 난방법이다. 구들장에서 생성되는 원적외선은 수맥파는 물론이고 지전류파와 각종 유해 파장들을 무력화시키며 생체에너지를 활성화시킨다. 이와 같이 우리 조상들이 사용했던 건축자재들은 어느 것 하나 우리 몸에 해로운 것이 없다.

시멘트를 발명하고 나서는 예전에 사용했던 목재나 흙이 철근 콘크리트로 대체되면서 대부분이 시멘트를 이용해서 집을 짓고 산다. 최초로 만들어진 지 불과 180년도 채 안 된 시멘트가 이제는 없으면 아무것도 할 수 없을 정도로 건설자재의 혁명을 가져왔다. 특히 아파트는 콘크리트 동굴 속에서 살아간다고 해도 과언이 아니다. 그래서 신도시가 건설되면 시멘트 파동이 생기기도 하는 것이다. 시멘트는 상당한 독성을 지니고 있고, 오랫동안 이 독성을 내뿜는다. 시멘트 자재가 들어가서 건축한 박물관은 시멘트의 독성으로 인해 유물의 보존 상태가 급격히 나빠지기 때문에 5년 이상 경과해야 유물을 전시할 정도이다. 그래서 시멘트로 집을 짓고 나면 생명력이 강한 바퀴벌레도 강한 시멘트의 독성으로 인해 살아갈 수가 없다. 새로 지은 지 약 3년 동안은 바퀴벌레가 없는 것도 이 때문이다.

시멘트와 모래가 섞여 있는 모르타르를 맨손으로 만지면 그 독성으로 인해 손바닥 피부가 다 벗겨질 정도이다. 예전에는 물고기 양식장을 시멘트가 함유된 콘크리트로 만들어 물고기를 넣었다가 시멘트의 독성으로 전부 폐사한 적도 있다. 지금은 물을 가두어 몇 달씩 시멘트 독성을 우려낸 후에야 물고기를 집어넣어 기른다.

인간은 단지 공사하기가 편리하다는 이유만으로 이러한 독성도 무시한 채로 편리함과 소중한 건강을 맞바꾸고 있는 것이다. 시멘트에서 뿜어대는 이러한 유해한 기운들을 극복하기 위해서는 생활 속에 좋은 기氣를 끌어들여야 하는 것이다. 그래야 좋은 집으로 바뀌어질 수 있는 것이다.

만약 지금 살고 있는 집이 좋지 않은 집이라면 조금은 난감할 것이다. 당장 팔고 이사할 수도 없는 처지이고 이사라는 것도 쉽지 않은 것이기 도 하다. 그럴 경우 현재 있는 상태로 최대한 좋은 집으로 만들어서 생활해야 한다.

터가 나쁜 집은 거의 다 수맥이나 지전류가 여러 개 있는 집이다. 즉, 나무도 살 수 없는 생기生氣가 없는 땅 위에 지은 집인 것이다. 그 집에서 생활하는 사람은 지기地氣를 제대로 받지 못하고 수맥이나 지전류에 의해 유해파를 그대로 흡수하기 때문에 좋은 일이 생기지 않는다.

지하 수백 미터 아래에 존재하는 수맥과 지전류를 없앨 수는 없지만, 극복하기 위한 방법은 3가지가 존재한다.

1) 중화시키는 방법

2) 무력화시키는 방법

3) 회피하는 방법

본명궁 풍수

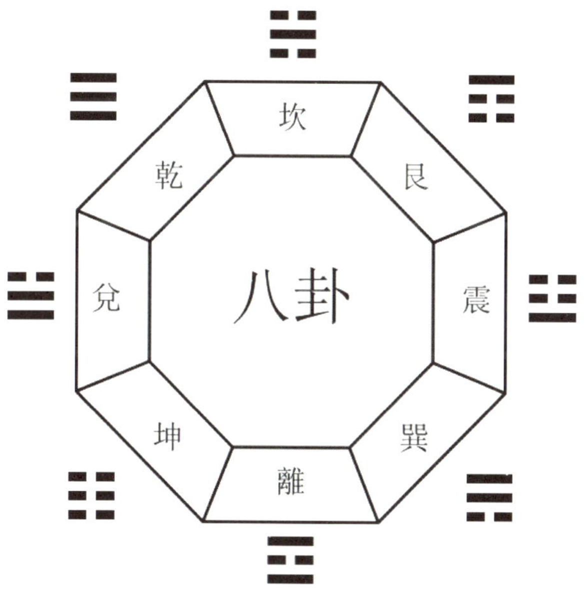

본명궁(本命宮)이란?

인간의 일생은 숙명(선천수=하도=사주팔자)에 의해 결정되고,
운명(후천수=낙서=본명궁)에 의해 바뀔 수 있다.
숙명은 태어나는 순간 결정되어 바꿀 수 없는 본연의 기둥이라면,
운명은 후천적 노력에 의해 본연의 기운을 바꾸는 개운법이다.

본명궁 계산방법(입춘일기준-양력)	
남자	11-출생년수의 합 / 예) 1983년: 1+9+8+3=21=2+1=3=11-3=8(艮)
여자	4+ 출생년수의 합 / 예) 1991년생: 1+9+9+1=20=2+0=2=2+4=6(乾)
최종 숫자가 "5"가 나오면 [남자=2坤] [여자=8艮]로 보면 됨	

동사명(東四命)	감(1坎), 리(9離), 진(3震), 손(4巽)	중(5中)
서사명(西四命)	건(6乾), 곤(2坤), 간(8艮), 태(7兌)	

공간 배치

1) 그 집에서 필요한 공간을 할당하고 공간 배치를 먼저 해야 한다. 대문이나 현관을 기준으로 하여 사람이 주로 기거하는 공간은 길방吉方에 우선적으로 배치하고 화장실, 드레스룸, 기타 부대 공간은 흉방凶方에 배치한다. 화장실은 반드시 흉방에 배치해야 길吉하다.
2) 공간 할당을 마쳤으면 각 개인의 공간을 분할하는데 각 개인 공

간의 분할에는 그 방이나 공간이 갖는 방문의 방위와 그곳을 주로 사용할 사람의 본명궁本命宮을 고려하여 배정한다.

3) 본명궁本命宮이 감리진손坎離震巽 중 하나이면 동사명東四命에 해당하고 건곤간태乾坤艮兌 중에 하나이면 서사명西四命에 해당하는데, 동사명東四命인 사람은 길방吉方이 생기生氣, 연년延年, 천을天乙, 복위伏位의 순서로 좋고 건곤간태乾坤艮兌의 방위方位는 흉凶하다. 서사명西四命인 사람은 길방吉方이 연년延年, 천을天乙, 생기生氣, 복위伏位의 순서로 좋고 감리진손坎離震巽 방위는 흉하다.

4) 같은 본명궁의 가족이 많거나 공간이 한정적일 때는 팔괘八卦에 의한 공간 분할을 하는데 집의 중심에서 건방乾方은 부父의 방위로 가장이 사용할 공간으로 배정하고, 곤방坤方은 모母의 방위이므로 안주인이 혼자 사용할 공간을 배정하며, 진방震方은 장남長男의 방위, 손방巽方은 장녀長女의 방위, 감방坎方은 중남中男의 방위, 리방離方은 중녀中女의 방위, 간방艮方은 작은아들의 방위, 태방兌方은 작은딸의 방위이므로 여기에 맞추어 각 공간을 배정한다.

그러나 팔괘八卦에 의한 공간 배정은 본명궁本命宮에 의한 공간 배정에 비해 그 길吉함이 많지 않으므로 가급적이면 본명궁에 의한 공간 배정을 하도록 한다.

침대 배치

1) 침대 배치는 풍수인테리어에서 가장 중요한 분야 중의 하나이

다. 아무리 좋은 인테리어 작업을 했다고 해도 침대의 배치가 잘못되면 좋은 기운을 가장 많이 받아야 하는 잠자는 시간을 그냥 버리게 되며, 좋은 기운을 받기 위해 한 풍수인테리어 전체의 효용이 없어지는 것과 같기 때문이다.

2) 침대를 배치할 때도 반드시 그 사용자의 본명궁을 파악하여 그것을 기준으로 해야 한다.

3) 그 방의 중심점에서 방문의 방위를 보고 그 방문의 방위에 따라 침대를 놓을 수 있는 지점 세 곳이 확정된다. 즉 방문이 건곤간태乾坤艮兌 중의 한 방위라면 건곤간태乾坤艮兌 4방위 중에서 방

본명궁으로 찾는 상생 개운 방법

본명궁			상생숫자	상극숫자	상생색상	상극색상	책상방향
동사명	감(坎)	1水	1,6,7	2,5,8	검은색/흰색	노란색	서쪽,북서쪽
	리(離)	9火	3,4,9	1	붉은색/푸른색	검은색	동쪽,동남쪽
	진(震)	3木	1,3,4	6,7	푸른색/검은색	흰색	북쪽
	손(巽)	4木	1,3,4	6,7	푸른색/검은색	흰색	북쪽
서사명	건(乾)	6金	2,5,6,7,8	9	흰색/노란색	붉은색	남서쪽,동북쪽
	곤(坤)	2土	2,5,8,9	3,4	노란색/붉은색	푸른색	남쪽
	간(艮)	8土	2,5,8,9	3,4	노란색/붉은색	푸른색	남쪽
	태(兌)	7金	2,5,6,7,8	9	흰색/노란색	붉은색	남서쪽,동북쪽

문의 방위를 뺀 나머지 3방위가 침대를 놓을 수 있는 지점이 되고, 방문이 감리진손坎離震巽 중의 한 방위라면 감리진손坎離震巽의 4방위 중에서 방문의 방위를 뺀 나머지 3방위가 침대를 놓을 수 있는 지점이 된다.

4) 그 방의 중심점에서 바라본 방문의 방위가 곤방坤方이라면 곤방은 건곤간태乾坤艮兌의 4방위 중에 하나이고, 건곤간태에서 방문 방위인 곤방坤方을 빼면 침대를 놓을 수 있는 지점은 방 중심에서 보아 건乾, 간艮, 태兌 3개의 방위가 되며, 방문의 위치에 의해 건방乾方, 간방艮方, 태방兌方의 순서로 좋다.

5) 침대 놓일 예비 장소가 정해졌으면 침대 사용자의 본명궁을 파악한 후, 세 곳 중에서 본명궁에 따른 길방吉方으로 침대 머리가 갈 수 있는 곳에 배치하는데, 이때 회두극좌回頭剋坐를 반드시 파악하여 그 방향을 피하도록 한다.

6) 본명궁이 손巽이고 그 방의 중심에서 바라본 방문이 이방離方이라면, 먼저 방문의 방위에 따라 침대가 놓일 수 있는 좋은 장소는 감坎, 진震, 손방巽方이 된다. 이 세 곳 중에서 본명궁本命宮 손巽의 길방吉方인 생기生氣=감방坎方, 연년延年=진방震方, 천을天乙=리방離方, 복위伏位=손방巽方으로 침대 머리를 놓을 수 있는 곳, 즉 침대 머리가 감리진손방으로 향할 수 있고, 벽과 가지런히 놓을 수 있는 곳을 찾아야 한다.

7) 침대 밑이나 주위로 반드시 수맥이 흐르지 않아야 하고, 만약 흐른다면 수맥 차단재를 시공하거나 피해서 배치해야 한다.

책상 배치

1) 책상 배치는 아이들 방의 풍수인테리어에서 가장 중요한 분야 중의 하나이다. 아무리 좋은 인테리어 작업을 했다고 해도 많은 시간을 보내는 책상의 배치가 잘못되면 집중력이 떨어지고, 두뇌의 회전이 잘되지 않는다.
2) 책상을 배치할 때도 반드시 그 사용자의 본명궁을 파악하여 그것을 기준으로 해야 한다.
3) 그 방의 중심점에서 방문의 방위를 보고, 방문의 방위에 따라 책상을 놓을 수 있는 지점 세 곳이 확정된다. 즉 방문이 건곤간태乾坤艮兌 중의 한 방위라면 건곤간태乾坤艮兌 4방위 중에서 방문의 방위를 뺀 나머지 3방위가 책상을 놓을 수 있는 지점이 되고, 방문이 감리진손坎離震巽 중의 한 방위라면 감리진손坎離震巽의 4방위 중에서 방문의 방위를 뺀 나머지 3방위가 책상을 놓을 수 있는 지점이 된다.
4) 그 방의 중심점에서 바라본 방문의 방위가 간방艮方이라면 간방은 건곤간태乾坤艮兌의 4방위 중의 하나이고, 건곤간태에서 방문 방위인 간방艮方을 빼면 책상을 놓을 수 있는 지점은 방 중심에서 보아 건乾, 곤坤, 태兌 3개의 방위가 되는데, 방문의 위치에 의해 태방兌方, 건방乾方, 곤방坤方의 순서로 좋다.
5) 책상 놓일 예비 장소가 정해졌으면 그 방 사용자의 본명궁을 파악한 후, 세 곳 중에서 본명궁에 따른 길방吉方으로 책상 앞이 향할 수 있는 곳에 배치한다.
6) 본명궁이 감궁坎宮이고 그 방의 중심에서 바라본 방문이 손방巽

方이라면, 먼저 방문의 방위에 따라 침대가 놓일 수 있는 좋은 장소는 감坎, 진震, 리방離方이 되고, 이 세 곳 중에서 본명궁 감궁坎宮의 길방吉方인 생기生氣=손방巽方, 연년延年=리방離方, 천을天乙=진방震方, 복위伏位=감방坎方으로 책상 앞이 갈 수 있는 곳이라야 한다.

7) 책상의 밑이나 주위로 반드시 수맥이 흐르지 않아야 하고, 만약 흐른다면 수맥 차단재를 시공하거나 피해서 배치해야 한다.

가구 배치

1) 가구 및 집기는 재질이나 색상을 보고 그 재질이나 색상의 오행五行을 파악하여, 집 전체라면 가장의 본명궁 오행五行과 비교하여 비화比和가 되거나 생生해 주는 것으로 하고, 특정 공간의 경우라면 그 공간 사용자의 본명궁 오행五行을 보고 비화比和가 되거나 생生해 주는 것으로 한다.
2) 가구를 배치할 때는 길방吉方에 배치할 것과 흉방凶方에 배치할 것이 있는데, 침대, 책상, 소파, 냉장고, 공기청정기, 에어컨, 온풍기 등은 길방吉方에 배치하고, 장롱, 궤, 수납장, 옷장, 오디오, TV, 책장 등은 흉방에 배치한다.
3) 수족관은 그 특성상 오행五行으로 수水에 속하므로 수水의 기운을 가졌거나 수水의 기운이 필요한 사람에게 설치하는데, 본명궁이 감궁坎宮인 사람이나 진궁震宮, 손궁巽宮인 사람에게는 좋은 기운을 주고, 본명궁이 곤궁坤宮이나 간궁艮宮인 사람은 수水를 이기는 사람이므로 다른 사람을 위해 수족관을 놓아줄

수 있으며, 본명궁이 건궁乾宮, 태궁兌宮, 리궁離宮인 사람은 자신의 기운이 빼앗기거나 억제당하여 좋지 않다.

4) 화초는 크게 둘로 나눌 수 있는데, 그 잎이나 화초 그 자체를 보기 위해 재배하는 관엽식물과 화초에서 피는 꽃을 보기 위해 재배하는 것이 있다. 화초 그 자체를 보기 위해 재배하는 관엽식물은 오행五行의 분류상 목木에 속하므로 목木의 기운을 기준으로 판단하면 되고, 그 꽃이 피는 화초는 꽃의 색으로 오행을 분류하여 판단한다.

색깔 선택

1) 집안 전체의 색조色調는 가장의 본명궁 기운을 기준으로 하여 비화比和나 생生해 주는 색과 재질로 정한다.
2) 가족들의 개인 공간은 각자의 본명궁 기운을 기준으로 하여 부족한 기운을 보강해 주는 색으로 한다.

대문을 통해 살펴보는 주택의 길흉

대문은 사람으로 치면 얼굴에 해당한다

사람의 얼굴이나 대문은 첫인상을 결정하는 중요한 구실을 한다. 생활풍수에서는 대문의 생김이나 방위에 따라 그 집의 길흉이 좌우되므로 대문이 차지하는 비중을 제법 크게 본다.

대문은 집 안과 밖을 구분하는 경계로 사람이 드나드는 공간일 뿐만 아니라 바람이 드나들고 행운과 액운도 드나들고 벼슬과 금전운, 그리고 행복을 들여오는 통로가 된다.

집에 비해 너무 큰 대문은 흉상에 해당한다

옛부터 지위가 높은 사람들은 자기들의 신분을 상징하는 뜻에서 높고 커다란 대문을 세우기도 했는데, 귀貴에 해당한다 하여 솟을대문이라 부른다. 요즘은 대문에 대한 비중이 예전만 못하기는 하지만 여전히 대문이 차지하는 비중은 작지 않다. 그러나 주의해야 할 점은 근사하게 보이기 위해서 호화로운 대문을 만드는 것이 오히려 화를 부를 수 있다는 점이다.

집에 비해 너무 큰 대문은 허상에 해당해 흉하고, 대문이 너무 작거나 허술해도 외부로부터의 공격에 적절한 방어가 되지 못한다. 모름지기 대문은 담과 더불어 집의 규모에 비해 크지도 작지도 않아야 길상에 해당된다. 특히 대문 근처를 깨끗이 해야 그 집에 귀貴를 부르고, 대문 색깔도 밝게 해주는 것이 복을 부르는 지름길이다.

대문이 없는 집은 기의 흐름이 산만해진다

요즘은 서양식으로 집을 짓다 보니 구조상 대문이 없는 집들이 많다. 이럴 경우 대문은 넓은 의미로 해석해야 한다. 빌라나 연립주택의 경우 건물에 들어오는 출입구를 대문으로 해석한다. 이렇게 대문이 대체되지 않고 문을 열고나면 바로 집안이 연결되는 구조라면 조금 문제가 있다.

살림집에 담장이나 대문이 없다는 것은 속옷 바람으로 바깥에 나선 격이다. 그런 집은 기의 유통이 산만해져 집안에 좋은 기가 머무를 수 없고 살면서 뜻밖의 사고를 당하기가 쉽다. 가족 간에도 신경이 날카로워져 큰소리가 자주 나고 가정불화가 많은데 그 이유는 바깥의 거센 기가 거침없이 집안으로 들어오기 때문이다. 대문이 있고 뜰이 있다면 외부의 기가 들어오더라도 뜰에서 잠시 머물렀다가 순환이 되어 집안으로 들어오므로 부드러운 기가 집안에 머무르게 되고, 부드러운 기가 집안에 충만하면 좋은 일이 생긴다.

남향집의 경우 대문은 동쪽이나 남쪽, 남동쪽으로 내면 좋다

옛부터 대문의 방향은 남동쪽이나 동쪽, 남쪽으로 낸 집들이 많다. 그 이유는 방위 8위 중에서 대체로 길한 방위로 알려져 있기 때문이다. 동쪽은 새로운 분야에 대한 도전, 남쪽은 사교, 아름다움, 예술의 추구,그리고 동남쪽은 원만한 대인관계, 결혼, 남녀 교제에 좋은 기가 많이 들어오는 방향이다. 물론 집의 구조를 정할때 이렇게 간단하게 정할 수 있는 문제는 아니다. 대문의 위치를 정하는 방법은 먼저 집안의 중심에서 안방의 위치를 가늠하여 그에 맞게 대문 위치를 정해야 한다.

공망空亡을 피하자

가게가 망하는 곳은 나름대로 특징이 있다.

1) 주인과 세입자가 자주 바뀌는 곳은 장소가 문제가 있다.
2) 권리금이 점포 규모나 입지 대비 지나치게 높고 보증금, 임대료가 유난히 싼 곳은 권리금 회수가 어려울 수 있다.
3) 오르막이나 내리막에 있는 곳은 고객들의 접근이 쉽지 않고 머물러 있는 시간이 적어 불리하다.
4) 주변에 상가가 없거나, 공터가 있는 곳은 상권의 흐름도 끊어지게 되어 특별한 아이템이 아니면 성공하기 어렵다.
5) 대중교통 이용이 불편한 곳은 고객의 접근이 어려워 소비가 적게 일어난다.

풍수지리이론에 공망空亡이란 것이 있다. 공空은 텅 비었다는 뜻이고, 망亡은 망할 망자다. 이렇게 흉한 글자를 사용하다 보니 작용도 흉하게 된다. 그래서 공망살空亡煞이라고 뒤에 살煞을 붙인다. 창업

컨설턴트가 알려주지 않는 것이 있다. 창업 초기의 입지 선정과 공망에 걸렸는가의 여부다.

가게를 얻을 때나 집을 지을 때 공망 여부는 꼭 체크해야 한다. 공망에는 대공망大空亡과 소공망小空亡이 있는데, 대공망은 크게 흉하여 6개월을 버티지 못하고, 소공망은 천천히 망해가는 곳이다. 거기에다 코로나와 같은 천재지변이라도 생기면 버텨낼 방법이 없다.

눈물의 폐업을 하는 가게를 보면 마음이 짠하다. 닫는 가게는 공망에 들어선 곳이다. 풍수지리 공망만 알고 대처해도 쪽박은 면한다.

복을 부르는 그림풍수

좋은 그림 한 점이 부자富者를 만든다.

그림이 지닌 기운을 바로 알고 그림에 담긴 의미를 알면, 좋은 에너지를 얻는데 긍정적인 역할을 한다. 좋은 그림은 부와 행운을 가져오기 때문이다.

우리 주변에 복福을 상징하는 것은 무엇일까?

요즘 컬러테라피가 각광을 받는데, 그림풍수는 옛부터 불행을 막고 복을 부르는 상징으로 활용되고 있다. 이는 심리학적으로도 증명이 되었는데, 그림의 전체적인 컬러는 물론 그림에 표현된 소재동물, 식물, 자연, 사물 등를 풍수지리 이론에 맞게 공간과 방향을 고려해 원하는 곳에 부착해야 한다.

따라서 그림풍수는 공간의 심리적 가치를 높여 그림에 내재된 에너지를 유리하게 조성하는 술법이다. 이러한 그림의 주요 소재는 12지지 동물을 비롯해 민화에 주로 등장하는 십장생과 꽃, 나무, 동물과 곤충 등이다. 이는 인류 보편적인 기복 요소인 다산多産, 재물, 무병

장수, 입신양명 등 인간의 행복을 기원하는 매개체로 통용되고 있다.

풍수그림에는 절대적인 복福그림과 상대적 복福그림이 있다.

1) 절대적 복그림: 방향이 갖는 기운에 맞춘 그림

- 동쪽: 솟는 그림. 청색. 녹색 나무 그림
- 서쪽: 평평한 그림. 노란색 해바라기. 보리밭 그림
- 남쪽: 위가 퍼지는 그림. 빨간색. 불꽃. 활짝 핀 장미
- 북쪽: 움츠린 그림. 짙푸른 감청색. 물 그림

2) 상대적 복그림: 본명궁이 맞는 방향과 소재 그림현재 바라는 것을 구체적으로 표현한 것

- 사주팔자: 선천수. 숙명宿命
- 본명궁: 후천수. 운명運命

3) 재물이 생기는 그림을 거는 방향

- 거실: 서쪽금의 기운. 토생금土生金
- 음식점. 가게: 문 입구 정면 또는 서쪽
- 사무실: 출입구 대각선 쪽 또는 서쪽

4) 그림의 색깔

- 좋은 색깔: 오행을 生하는 색깔
- 나쁜 색깔: 오행을 剋하는 색깔

방위별 기운

동쪽

동쪽은 가족의 건강과 젊음을 상징하는 방위다. 공부방이나 서재를 이 방위에 두면 좋다. 궁궐에서 세자가 거처하는 공간을 동궁東宮이라 하고, 서원에서 신입 학동이 공부하는 곳을 동재東齋라고 한다. 동쪽 방향의 방은 동쪽과 궁합이 좋은 파란색과 하늘색 같은 색상의 그림을 걸면 기운이 상승한다. 또한 꽃. 나무. 물을 소재로 한 그림이 좋다. 흰색 칼러나 금속을 소재로 한 그림은 절대 안 된다.

남동쪽

남동쪽은 재물과 여행을 상징하는 방향이다. 음목陰木의 기氣를 갖고 있다. 회사에서 영업 파트를 이곳에 배치하면 판매 실적이 올라간다. 연애뿐만 아니라 사람의 인연 전반에 영향을 주는 방향이다. 다만 나쁘게 작용할 때는 역마살이 끼인다. 남동쪽에는 남동쪽과 궁합이 잘 맞는 연두색, 하늘색 등의 컬러가 강조된 그림을 추천한다. 또한 꽃, 수목 소재의 그림, 물가의 풍경화 등이 좋다.

남쪽

남쪽은 명예의 영역이다. 불의 기운이 있다. 지성과 미를 관장하는 방위라고도 한다. 예술과 지식 등의 의미를 가지고 있기 때문에 예술가는 남향으로 아틀리에를 세우면 좋다. 물을 놓으면 불의 힘을 꺼뜨리기 때문에 주의가 필요하다. 남쪽 방에는 남쪽과 궁합이 잘 맞는 컬러인 빨간 불꽃, 태양, 꽃 등의 그림을 추천한다. 검은색과 물 그림은 금물이다.

남서쪽

남서쪽은 이귀문이라고도 불리는 땅의 방위다. 결혼과 가정의 안정을 추구하는 土의 기운이 있다. 가정운과 건강운을 관장하기 때문에 남서향집에 남서쪽에 거실을 두면 좋다고 알려져 있다. 8운에 좋은 좌향이다. 남서쪽 방에는 남서쪽과 궁합이 잘 맞는 노란색 그림을 추천한다. 파란색은 피해야 한다.

서쪽

서쪽은 재물운, 기쁨을 관장하는 방위다. 깨끗한 물 기운이 있으면 돈이 증폭되는 것으로 알려져 있고, 마찬가지로 금전운을 관장하고 물기를 가진 부엌이 있으면 집 전체의 금전운 향상으로 연결된다. 서쪽 방에는 서쪽과 궁합이 잘 맞는 흰색이나 노란색 그림이 좋다. 또한 사람이나 동물 모임, 노란 꽃 등의 그림을 추천한다. 재물운을 올리고 싶다면 노란색이 절대적이다.

북서쪽

북서쪽은 출세운, 사업운을 관장하는 권위의 방향이다. 북서쪽의 운기가 올라가면 리더십과 주위의 신뢰를 얻고, 반대로 운이 나쁘면 오만과 독선적인 행동으로 이어진다. 회사에서도 사장실이 있는 곳이다. 따라서 고급스러운 비품을 배치하면 좋다. 북서쪽 방에는 북서쪽과 궁합이 잘 맞는 흰색, 베이지, 크림색 컬러의 그림을 추천한다. 큰 그림. 진한 색 그림 군계일학을 나타내는 그림이 좋다. 노란 꽃 소재의 그림을 추천한다.

북쪽

북쪽은 재물운을 관장하는 물의 방위이다. 진로와 영적인 부분을 담당하기도 하다. 물기를 가진 이 방향은 항상 청결하게 유지하는 것이 중요하다. 나쁜 기운을 내보내는 물의 플러스 효과가 있는 반면, 뭔가 몸을 차게 하기 쉽다는 결점도 있다. 따뜻한 색상으로 코디하면 공간이 차가워지는 것을 방지할 수 있다. 북쪽 방에는 북쪽과 궁합이 잘 맞는 짙은 색이나 검은색이 강조된 컬러의 그림이 좋다. 흰색도 무방하다. 또한 물가 풍경화나 물고기를 그린 그림도 추천한다.

북동

북동은 부동산과 저축운을 관장하는 땅의 방위다. 산을 나타내는 방향이기도 해서 이 방향의 운기가 좋으면 자발성과 경쟁심이 늘어난다. 북동쪽 방에는 궁합이 잘 맞는 진한 노랑, 빨강 컬러의 그림이 좋다. 해바라기 그림이라면 큰 꽃이 좋다.

운이 좋아지는 그림의 소재

지금부터는 그림의 소재와 운기의 관계에 대해 자세히 알아보자.

해바라기

노란 해바라기는 부富를 상징하는 대표적인 꽃이다. 해바라기는 동서고금을 막론하고 복福을 부르는 꽃으로 알려졌다. 예부터 해바라기 그림은 꽃 자체의 아름다운 이미지나 색감 뿐만 아니라 '복을 주는 그림'이라는 인식 때문에 많은 이들의 사랑을 받았다. 이러한 인식으로 해바라기 그림을 실내 인테리어에 활용하거나, 선물용으로 많이 사용한다.

해바라기 관련 속설은 풍수風水에 기반을 두고 있다. 해바라기가 재물을 부른다는 이유는 색깔 때문이다. 해바라기의 노란색은 토土의 기운을 자아내 결실을 만드는 힘을 상징한다. 또 황금색은 금의 기운을 도와 풍요와 번창을 부른다.

• 해바라기 꽃 그림 해석

씨가 촘촘히 박혀 있는 것은 금화를 나타내고 꽃이 무성하게 피어 있으면 5만 원권 지폐로 해석한다.

모란牡丹

모란꽃목단꽃은 크게 여성의 아름다움과 우아함을 상징하고, 부귀와 명예를 나타내 '부귀화富貴花'라고도 불린다. 우리나라에서는 조선 후기부터 궁중 혼례복이나 병풍, 민화 등에 부귀의 의미를 담아 모란을 그렸다. 특히 모란은 궁궐의 중정中庭 뜰 앞에만 심을 정도로 귀하게 여겼다. 이런 부귀화로서의 인식이 현재까지 이어져 부귀富貴를 의미하며 우리나라 사람들에게 가장 잘 알려지고 사랑받는 꽃이다.

민화에서 모란은 '꽃 중의 왕'으로 궁중에서 사용하는 병풍에 자주 그려져 부귀영화의 상징으로 자리 잡았다. 모란은 겨울을 이겨내고

짧게 찾아오는 봄에 볼 수 있는데, 5월 한 달 남짓 동안 모습을 드러내고는 이내 사라진다.

모란은 우리나라와 중국, 일본, 동남아에서 행운의 꽃으로 여겨 그림이나 시 등 다양한 작품에 묘사되고 있다.

맨드라미

시골집 장독대나 마당에 탐스럽게 피어 있는 맨드라미를 볼 수 있다. 맨드라미는 계관화鷄冠花라 하는데, 닭 볏과 비슷해 관직, 관운을 뜻하고 출세를 의미한다.

그 볏을 학문적 성취와 출세에 견주어, 때로는 닭의 볏을 닮은 맨드라미 꽃을 화폭에 옮기고 화제畵題를 관상가관冠上加冠이라 적기도 한다. 관상가관은 '관 위에 관을 더한다'는 뜻으로 더할 나위 없는 입신출세를 뜻한다.

맨드라미는 아시아, 아프리카, 열대 아메리카 등 열대 지역에 걸쳐 자생하며 오랜 역사를 지닌 꽃이다. 동·서양 한결같이 생김새가 닭의 볏을 연상해 맨드라미라는 이름이 붙여졌다. 영어명 cocks comb는 수탉의 볏을 뜻하고, 중국명인 계관화鷄冠花도 닭의 볏 같은 꽃이란 뜻이다. 일본명 계두鷄頭도 같은 뜻의 이름이다.

연꽃

한여름 물 위에서 만날 수 있는 연꽃은 복을 부르는 대표적인 꽃이다. 연꽃은 그 어떤 그림보다 기복祈福의 의미가 강하다. 특히 그림 속 연꽃이 무엇을 상징하고 어떻게 해석되는지 알게 되면 더욱더 흥

미진진하다. 연꽃과 물고기를 함께 그린 그림은 풍요로운 생활을 영위하고자 하는 인간의 가장 기본적인 욕구를 담고 있다.

제비가 연꽃 위를 날아가는 그림은 천하태평을 기원한다. 한 줄기 연꽃만을 그린 작품은 청렴결백을, 연꽃이 풍성하게 만발한 그림은 부귀를, 연밥이 들어 있는 송이를 포함한 연꽃을 담은 그림은 귀한 자손을 기원한다.

그러므로 집안에 연꽃 그림을 둔다는 것은 행복하고 든든한 기운을 자아낸다. 불교에서 연꽃은 부처님과 관련이 있는 불교의 꽃이다. 연꽃을 상징하는 처염상정處染尙淨은 연꽃은 더러운 진흙에서 피지만 더러움에 물들지 않는다는 고결한 뜻을 품고 있다.

닭

예부터 새벽을 알리는 닭은 복을 부르고, 좋은 기운을 머물게 해 집안을 번창하게 한다고 믿어왔다. 닭은 울음소리로 새벽을 알려 빛의 도래를 예고하는 존재라 여겨졌다. 아울러 태양이 떠오르는 것을 알려주는 예지적인 동물임을 암시한다. 이처럼 닭은 밝음을 알려준다고 해 어둠 속에서 활동하는 음귀를 쫓아내는 능력까지 지니고 있다고 믿었다.

이와 같은 상징성은 점차 확대돼 닭의 울음소리를 통해 상서로운 일이 일어난다는 믿음으로 발전했다. 또 닭은 조선시대 학문과 벼슬에 뜻을 둔 선비들에게 입신양명의 상징이었다. 당시 선비들은 닭의 볏이 관冠과 비슷한 모양새라 서재에 닭 그림을 놓았다.

나비

나비는 부귀, 아름다움, 행운을 상징한다. 나비는 여러 곳에서 의미 있게 발견되는데, 이처럼 나비의 숨겨진 흔적을 통해 나비가 예부터 우리 삶 속 가까이 있었음을 확연히 느낄 수 있다.

신사임당 그림과 전통 민화에서도 자주 등장한다. 삼월 삼짇날 진달래꽃 주변에서 노랑나비나 호랑나비를 제일 먼저 보면 소원이 이루어지는 길조라 여겼다.

고대 중국 철학자 장자는 꿈에 나비가 되어 날아다니며 온갖 꽃의 꿀을 먹으며 큰 행복을 맛보았다고 한다. 또 결혼식 신부의 한복에 그려진 나비는 부부금슬뿐만 아니라 가정에 화목과 사랑이 넘침을 상징한다.

부엉이

부엉이는 부와 지혜를 상징하는 새로, 집안에 부엉이 소품이 있으면 복이 들어온다. 예부터 유럽에서는 부엉이가 고난과 역경 없이 행복하게 살라는 의미를 지녔다고 여겼다. 부엉이를 지혜와 부를 상징하는 길조라고 여긴 것이다.

부엉이를 재물과 부를 상징하는 새라고 믿은 데에는 여러 속설이 있다. 없는 것 없이 무엇이나 다 갖춰져 있는 경우를 비유하는 '부엉이 곳간'이란 말도 있으며, 자신도 모르게 부쩍 늘어난 재물을 '부엉이 살림'이라고도 한다.

이와 같은 이야기는 부엉이가 둥지에 먹을 것을 많이 모아 두는 버릇에서 유래되었다. 부엉이는 행운과 행복을 상징하는데, 이러한 이유로 수집가들에게 인기를 끌고 있다. 특히 북유럽 인테리어 소품이나 패션에 부엉이 패턴이 자주 등장한다.

결혼운·연애운이 상승하는 그림

원앙

결혼운을 올리려면 남서쪽 방에 암수 한쌍을 이룬 원앙 그림을 장식하면 좋다.

토끼

결연, 사교의 상징으로 불리는 동물이 토끼다. 토끼 그림을 동쪽 방에 장식하면 좋다. 연애운을 올리고 싶은 경우에는 핑크 그림을 추천한다.

사업운이 올라가는 그림

물고기

사업운을 올리고 싶을 때는 북쪽으로 물가 풍경화를 장식하면 효과적이다. 출세운을 나타내는 아홉 마리 물고기 그림인 구어도九魚圖가 좋다.

학업운을 북돋아 주는 그림

코끼리

학업 운을 올리려면 북동쪽에 지혜의 상징으로 여겨지는 코끼리 그림을 장식하면 좋다. 정체성의 상징이기도 한 코끼리는 자신이 하고 싶은 일을 찾을 수 없어서 고민하고 있는 사람에게도 추천한다. 큰 존재감을 나타내는 코끼리는 자신의 존재감을 크게 느끼게 하는 효과가 있기 때문에 참을성 있게 뭔가를 극복하거나 전진하고 싶을 때 등 자신의 곁에 두면 좋다.

잉어

잉어가 거친 물살을 헤치고 올라가면 용이 된다는 등용문 그림은 학업 성취와 합격의 기운이 있다.

사무실 CEO 책상 뒤

산

풍수지리에는 산의 그림을 장식하는 것이 좋다. 산에는 용맥이라고 하는 좋은 기의 흐름이 있다고 여겨져 왔다. 산의 그림을 장식함으로써 방안에도 같은 효과가 생겨 전체 운이 좋아진다.

• 산 그림을 장식할 장소와 주의점

산 그림에는 좋은 기운을 가져다줌과 동시에 나쁜 기운을 쫓는 효과도 있다. 직장이나 공부 공간 등에서 의자 뒤쪽에 산 그림을 장식하면 나쁜 기운을 물리칠 수 있고, 직업운이나 공부운이 올라간다. 반대로 로비의 현관 입구에 높은 산 그림으로 장식하면, 정면에 산이 가로막혀 좋은 기운을 쫓아버리기 때문에 로비에는 걸면 안 된다.

집안에는 큰 나무를 심지 말라

오래된 큰 나무는 정령 숭배사상과 연관이 있어 함부로 자르거나 훼손하면 안 된다. 집안에 큰 나무가 있으면 건물의 기초나 지붕 등을 상하게 할 수도 있고 마당과 집안의 채광, 통풍에도 문제가 있어 질병의 원인이 될 수도 있다.

집 마당은 안주인의 자리이기에 앞마당이 불결하거나 흠이 있으면 안주인의 건강에 문제가 있을 수 있다. 나지막한 수목이나 화훼류로 꾸미는 것이 좋다. 마당이 좁다면 두 그루 이상 나무를 심어서도 안 된다. 마당의 양기를 음기가 지나치게 차단하기 때문이다.

문 앞에 회화나무를 심는 것은 길하다. 뜰 앞에 석류나무를 심으면 자손을 얻게 되고, 문 앞에 대추나무 두 그루를 심으면 길하다. 대문 밖 동쪽에는 버드나무를 심으면 가축이 성한다. 우물가에 복숭아나무는 피하라.

• 문 앞에 있으면 좋은 나무: 회화나무, 대추나무 두 그루, 버드나무
• 문 앞에 있으면 안 되는 나무: 오래된 고목, 두 모양이 같은 나무, 상록수,
수양버들

• 중정中庭에 심는 것: 화초류
• 중정中庭에 심으면 안 되는 것: 큰 나무, 많은 나무

• 정전庭前에 심는 것: 석류나무, 서향화
• 정전庭前에 심으면 안 되는 것: 오동나무, 파초

• 울타리 옆: 동쪽 울타리에 홍벽도, 국화
• 울타리에 심으면 안 되 것: 참죽나무

• 우물 옆에 심으면 안 되는 것: 복숭아나무

• 집 주위에 심 는것: 울창한 소나무, 대나무
• 집 주위에 심으면 안 되는 것: 단풍나무, 사시나무, 가죽나무

• 주택 안에 심으면 안 되는 것: 무궁화, 뽕나무, 상륙자리공, 큰나무,
상록수, 살구나무

7장

웰빙 풍수

건강하고 똑똑한 아이로 키우려면

내 아이를 건강하고 똑똑하게 키우고 싶은 부모의 마음과 풍수인테리어가 만났다. 책을 가지런히 정리하고 문을 제대로 열고 닫는 생활 속 작은 실천에서부터 밝은 느낌의 커튼, 집중력을 모아주는 크리스털 소품 활용까지 행운의 아이 방 꾸밈법을 배워본다.

침대는 방 중앙에 둔다

문에서 방을 들여다보았을 때 아이와 눈이 마주치는 위치에 침대를 둔다. 침대가 가운데 있으면 밤에 부모가 문만 열면 잠든 아이의 얼굴을 볼 수 있어 좋고 아이 또한 안심할 수 있기 때문. 또한 자신이 넓은 공간의 한가운데에 있다는 것은 잘 때나 은연중에도 아이에게 자신감을 심어준다. 아이가 불안해할 수 있으므로 베개는 벽 쪽에 두고 창 곁에는 놓지 않는다.

창에는 밝은 느낌의 커튼을 친다

커튼은 방의 벽면 중에서 가장 넓은 면적을 차지한다. 특히 밤 시간대 창에 비치며 아이의 의식에 영향을 준다. 밝은 느낌의 색과 모양으로 균형을 맞춘다. 북쪽 창은 녹색, 서쪽은 황록색, 동쪽은 보라색이 좋으며 전체적으로 노란색, 파란색 등이 무난하다. 사춘기 여자아이들의 경우 연애 감정이 싹틀 수 있으므로 감정을 돋우는 핑크색은 자제하고, 특히 시험을 앞둔 아이가 있다면 빛을 통과시키지 않는 차광 커튼은 피하는 것이 좋다.

행운을 불러오는 크리스털을 창에 단다

크리스털은 집중력을 높이는 빛을 내뿜고 방안의 에너지를 순환시킨다고 알려져 있다. 시험을 앞둔 아이들이라면 꽈배기 모양의 크리스털을 창가에 달아둘 것. 문과 쪽으로 똑똑한 아이를 원한다면 소용돌이 모양의 크리스털을, 자연계 쪽으로 똑똑한 아이를 원할 때는 뱀 모양의 크리스털을 빛이 들어오는 곳에 걸어둔다.

책상은 출입문 가까운 쪽에 배치한다

책상이 방문을 등지고 앉는 배치는 좋지 않다. 방문을 바라보거나, 옆면이 되게 둔다. 또한 책상을 벽 쪽으로 바짝 붙이면 좁은 공간에 틀어박힌 느낌이 들어 공부에 집중이 되지 않으며 곧 답답함을 느끼게 된다. 책상은 입구 쪽을 향하도록 해야 '하고자 하는 마음'이 생기고 에너지를 정면에서 받아 강한 의지력을 기를 수 있다.

책장이나 책꽂이는 한 군데에 일렬로 놓는다

크고 작은 가구들이 분산 배치되면 아이의 정신이 산만해진다. 책장이나 책꽂이는 한 군데에 일렬로 놓고, 문을 열고 닫을 때 방해가 되지 않도록 신경을 쓴다. 작은 문구들도 정리 정돈을 잘하도록 한다.

책은 세로로 세워 꽂는다

책꽂이의 책은 빼서 읽기 쉽게 가지런히 세워서 정리하고 책상 위도 항상 정돈하는 습관을 들인다. 무엇보다 학습 의욕과 탐구 의욕을 북돋아 주어야 하기 때문에 차분한 컬러에 합리적인 정리와 수납이 필요하다. 자연스러운 분위기의 학습 공간이 되기 위해서 자극적인 컬러보다는 파스텔톤이나 화이트 등의 안정감 있는 책꽂이를 선택하는 것도 한 요령이다.

컴퓨터는 침대 발치에 둔다

전자파를 내뿜는 컴퓨터나 TV는 책상에 앉았을 때 정면이 되는 위치에 놓지 않는다. 머리보다 발치 쪽에 두어 수면에 방해가 되지 않도록 한다. 컴퓨터나 TV 옆에는 항상 싱그러운 화분을 올려둘 것. TV를 보거나 게임을 하다가도 자연스럽게 식물이 눈에 들어오고 아이의 발전운을 올릴 수 있다. 식물은 옆으로 자라는 것보다 키가 큰 편이 더 효과적이다.

의자 아래에 부분 카펫을 깐다

부분 카펫은 의자 위치를 안정시킬 뿐만 아니라 부드럽게 촉감을 자극한다. 카펫을 고를 때는 직접 사용할 아이의 정서와 눈높이도 고려할 것. 대체적으로 파랑과 녹색 등이 아이의 마음을 차분하고 안정적으로 만들어주는 무난한 색이다. 학습에 방해가 되는 번쩍거리거나 딱딱한 재료보다는 차분하고 부드러운 소재를 선택하는 것이 좋다.

아이가 건강하고 똑똑해지는 공간으로 꾸미는 방법

공부방은 북쪽·동북쪽이 좋다. 보통 남향의 밝은 방이 아이 방으로 좋다고 생각하지만, 햇빛이 방으로 들어오면 밖으로 나가고 싶은 마음이 생겨 집중하는데 방해가 된다. 마음이 차분해지려면 직사광선이 들지 않는 북쪽이나 동북쪽을 공부방으로 할 것. 현관에서 실내를 봤을 때는 왼쪽에 있는 방이 아이 방으로 적당. 현관에서 가장 가까운 왼쪽은 침착하고 세심한 기운이 흐르는 반면 오른쪽은 강하고 돌발적인 기운이 작용해 자칫 아이가 산만하고 사치스러워질 수 있다. 지혜로운 아이를 원한다면 책상 근처에 장난감을 늘어놓으면 안 되며 공부와 놀이 영역을 확실히 구분해 주는 것이 좋다.

남편의 기를 살려주는 인테리어

"남편을 직장에서 인정받게 하려면 현관을 확 트이게 하라."

경제가 불안정해지면서 '내 남편은 직장에서 살아남을 수 있을까' 하는 주부들의 걱정이 갈수록 커지고 있다. 승진은 고사하고 구조조정이나 당하지 않았으면 하는 마음에 일손도 잡히지 않는다. 하지만 집안에 있는 간단한 소품 몇 가지만 바꿔도 남편의 자신감을 회복시켜 주고, 직장에서 성공할 수 있도록 도와줄 수 있다. 집안 가구를 정리하면서 가구 배치에 남편의 성공을 위한 풍수인테리어를 적용하는 것도 바람직한 내조 방법이다.

현관을 확 트이게 하라

집안의 모든 기운은 현관을 통해서 들어온다. 현관에 있는 불필요한 가구를 없애고, 신발 등 잡동사니도 잘 정리해 둔다. 현관 조명은 밝게 하고, 일이 잘 안될 때는 밤에도 불을 켜 놓는 게 좋다. 만약 좋은 직장을 구한다면 신발장 위에 요즘 유행하는 스타일의 시계를 놓는다. 시계는 '몇 가지 길 중에서 선택할 수 있다'는 뜻을 담고 있기 때문에 직장을 구하는 경우 행운을 부르는 소재다. 모양은 각이 진 것은 피하고 둥근 게 무난하다.

직업운을 상승시키자

직업운을 쥐고 있는 북서쪽에는 갈색이나 베이지색 계열의 인테리어로 꾸미는 것이 좋다. 동쪽에는 남편의 의욕을 북돋아줄 수 있는 빨간색 소품을 가져다 놓는다. 또 동쪽은 소리 나는 물건과도 궁합이 잘 맞으므로 TV나 전화를 놓으면 안성맞춤이다.

남편의 건강운을 살리자

일을 잘하기 위해서는 건강이 필수다. 따라서 동남쪽에 초록색 물건을 놓아 건강운을 증진시킨다. 초록색은 원기를 불어넣는 역할을 하기 때문이다. 이와 함께 침대 옆에 녹색 물건과 소리 나는 물건을 올려놓으면 남편의 원기를 회복시킬 수 있다.

직업에 따라 서재의 위치도 다르다

서재가 있는 방위 특성에 따라 서재 주인의 직장도 달라진다. 실력과 지도력이 출중하고, 부하들이 많이 따르는 직업은 북쪽에 서재를 두는 게 좋다. 동쪽은 머리 회전이 빠르고 집중력이 좋은 학구파가 적당하며, 남동쪽은 착실하고 꼼꼼한 비즈니스맨에게 적당하다. 남쪽 서재는 정치인이나 연예인 등 자신을 알리는 사람에게 최적이며, 서쪽은 금융계나 경리 일을 하는 사람에게 좋은 위치다.

남편이 잘되지 않고서는 '가정의 흑자경영'은 기대하기 힘들다

가정에 복이 들어오려면 남편이 잘되어야 한다. 남편의 출세는 현관에 달려 있다. 먼저 우산이나 운동기구 등 잡동사니로 기를 막지 말자. 당연히 신발도 가지런히 정리되어 있어야 한다. 아무리 신발장 안이라도 오랫동안 신지 않는 신발을 그대로 방치하듯 넣어두는 것은 좋지 않다. 에너지가 흩어지기 쉽기 때문이다.

신발장 위에 화병을 둘 때는 밑에 반드시 깔개를 깔아주자. 목이 긴 화병은 재물운과 애정운이 도중에 끊어질 수 있으므로 요주의. 너무 길지 않고 꽉 찬 느낌이 드는 밝은 색상의 것이 좋다. 현관은 집을 드나드는 통로로만 여겨 조명에 신경 안 쓰는 경우가 많은데, 밝게 하자. 명랑한 기운이 감돌게 소리 나는 종이나 풍경을 장식해 두는 것도 좋다.

남편 출세도 좋지만 날마다 늦게 와서 속상하다면 현관 밖까지 물청소를 해보자. 귀가 시간이 빨라질 수도 있을 것이다. 만약 서북쪽 방향에 거실이 있다면 남성의 힘이 약해질 수 있으니 적절한 소품 배치로 나쁜 기를 막아보자. 벽지는 베이지 계열, 가구는 베이지나 녹색 계통이 좋다. 바닥은 목재, 소파는 천으로 만든 것이 적당하며 거실 소품으로 아버지와 아들의 사진과 소지품을 두면 좋다.

사랑이 찾아오는 풍수인테리어

사랑이 드나드는 현관 방위별 인테리어 포인트

동향: 레드 포인트 & 종소리

붉은색과 꽃무늬 소품으로 동쪽의 기운을 유지시켜 주는 것이 포인트다. 소리와 궁합이 잘 맞기 때문에 종이나 풍경을 달아두어 문을 여닫을 때마다 좋은 소리가 나도록 하는 것이 좋다. 신발장의 키가 낮으면 꽃병에 붉은색 꽃을 꽂아둔다.

동남향: 사랑을 부르는 생화 장식

연애다운 연애를 한 번도 못 해본 사람이나 실연의 상처로 고통받고 있는 사람은 대개 드라이 플라워를 장식해 놓은 경우가 많은데 이를 치우고 향기로운 꽃을 놓아둔다. 만약 관리하기가 힘들면 향이 너무 진하지 않은 방향제를 두는 것도 애정을 부르는 방법이다.

남향: 화병이나 화분은 No!

정오의 태양처럼 숨이 막히도록 뜨거운 사랑을 원하는 사람은 팔각형의 거울을 장식하면 멋진 연인을 만나 사랑에 빠질 수 있다. 그러나 물과는 상극이므로 거울 옆에 화병이나 화분은 절대 두지 않는다.

남서향: 주조색을 화이트로

여성이 사랑의 주도권을 쥐고 싶다면 남서쪽을 적극 활용한다. 컬러는 흰색 계열이나 부드러운 색조의 아이보리색이 좋다. 소품은 고가구나 복고풍의 고전적인 디자인을 진열하고, 조명은 가능하면 밝게 처리한다. 입구에 큼직한 도자기를 놓고 노란색 계열의 소박한 꽃을 가득 꽂아두면 길하다.

서향: 키가 작은 꽃을 장식

서향은 지는 태양이 하늘을 붉게 물들이듯 늦은 나이에 사랑에 빠질 수 있는 방위다. 다만 목이 긴 화병을 사용하거나 대가 긴 꽃을 장식하면 사랑의 꽃이 피기도 전에 시들 수 있으므로 피한다.

북서향: 누드 석고상은 부부 애정을 Up!

여유 있고 품위 있는 사랑을 원한다면 전체적으로 고급스럽게 꾸미도록 한다. 남편의 정력이 약해진 경우에는 입구에 흰색으로 된 여인의 누드 석고상을 놓아두면 효과를 볼 수 있다. 남편이 가장 좋아하는 장식물을 놓아두어도 행복한 사랑을 나눌 수 있다.

북향: 분홍 스탠드로 로맨틱하게

북쪽은 음기가 가장 강하기 때문에 음란한 마음이 발동하여 성에 대한 관심이 높아지므로 밝고 따뜻한 분위기로 흉한 기운을 제거한다. 소품으로는 분홍색 스탠드나 귀엽고 앙증맞은 봄꽃이 애정운을 높여주는 아이템이다.

북동향: 흰색으로 흉한 기운을 떨친다

어렵게 연인을 만나서 사랑의 달콤함에 빠져들 때 방해자가 나타나 고통스럽게 되는 방위다. 흉한 기운을 바꾸기 위해서 자주 청소를 하고 흰색을 강조한다. 흰 눈이 쌓인 풍경화나 설산의 그림을 장식하면 흉한 기운을 물리칠 수 있다.

사랑을 키워주는 거실 풍수인테리어

따뜻한 느낌의 색깔 소파가 행운을 부른다

소파는 디자인보다는 색을 중요시하는데, 젊은 사람은 난색 계열이 길하다. 무늬가 있거나 화려한 것은 애정관계를 복잡하게 만드는 원인이 되므로 피한다.

목재 사각 테이블이 좋다

원형 디자인보다는 사각 디자인을, 유리 제품보다는 목재로 만든 제품을 사용하는 것이 애정운을 높여준다.

수납 가구는 동쪽이나 남쪽을 향하게 한다

내부에까지 햇빛이 잘 드는 동쪽이나 남쪽을 향하게 하고, 가구의 문이 창 쪽을 향하도록 배치해 해가 잘 드는 시간에 문을 열어 습기를 제거하는 것이 좋다. 절대로 지저분하게 관리하지 말고 용도가 다른 여러 물건들이 섞이지 않도록 한다.

심플한 커튼을 단다

현란하고 복잡한 디자인은 교제운을 떨어뜨리고, 너무 비싸며 중후한 커튼을 사용하면 단란하고 화목한 가정이 되기 어렵다.

원하는 애정운에 맞는 조명을 설치한다

부부관계가 좋지 않거나 가족 간에 갈등이 잦을 경우 서쪽이나 창가에 키가 큰 스탠드 두 개를 놓아 밝게 비추면 좋은 효과를 얻을 수 있다. 권태기 부부들은 천장에 조명을 설치하면 신혼 때와 같은 애정관계를 회복할 수 있다. 연애운과 교제운을 좋게 하려면 동남쪽에 둥근 스탠드를 놓는다. 사회에서 성공을 원한다면 북서쪽에 사각형 스탠드를 놓으면 길하다.

사랑의 기를 흡수하는 침실 풍수인테리어

침대 위치가 포인트

출입문과 대각선을 이루도록 약간 비켜서 배치하는 것이 좋다. 침대만 있으면 애정운이 시들게 되므로 반드시 사이드 테이블과 함께 배치한다. 침대 위치는 문을 바라보도록 설치하고 머리는 창문을 향하는 것이 가장 좋다. 침실의 기운은 출입문에서 대각선 방향으로 흐르므로 문에서 보았을 때 침실의 안쪽은 남편이, 바깥쪽은 부인이 사용하도록 한다.

커튼은 방위에 맞는 컬러로

침실의 동쪽에 창이 있다면 분홍 계열의 따뜻한 느낌이 나는 색상이 좋고, 남쪽에 창이 있다면 녹색을 사용한다. 서쪽의 경우라면 베이지색이나 녹색이 좋은데, 반드시 석양빛을 차단할 수 있도록 두꺼운 천을 사용한다. 북쪽이라면 붉은색, 분홍색, 오렌지색이 좋다.

베개는 행운의 컬러로

베개는 방위에 맞는 행운의 색으로 선택하는데 동쪽은 붉은색, 서쪽은 노란색, 남쪽은 녹색, 북쪽은 흰색이 좋다. 북쪽으로 머리를 향하고 자면 건강운과 교제운이 상승하고, 동쪽으로 향하면 게으른 사람에게 좋다. 서쪽은 숙면을 취할 수 있으므로 두뇌 노동을 하는 사람들이나 연장자에게 적합하고 남쪽은 창조적인 직업을 가진 사람에게 좋은 기운을 제공한다.

사랑의 출발점 욕실 인테리어 포인트

밝은 컬러 수건을 고른다

몸 상태가 좋지 않을 때는 붉은색이나 노란색, 분홍색 등의 양기를 가진 색상의 수건을 사용한다. 컨디션이 지나치게 고조될 때는 청색과 같은 한색 계열의 수건을 사용하면 마음이 차분하게 진정된다.

타일은 한색, 소품은 난색

타일이 청색이나 녹색 계열의 한색이면 세면대나 욕실 의자, 비누통 같은 소품들은 베이지색이나 노란색의 난색으로 장식한다. 타월은 깔끔한 흰색 타월이 좋다. 항상 새 타월을 넉넉하게 비치해 두고 사용하는 것이 좋으며, 목욕 가운도 흰색이 좋다.

습기는 남김없이

습기는 좋은 운을 방해하는 가장 큰 요소이므로 목욕이 끝나면 남은 물은 남김없이 버리는 것이 가장 좋다.

절약형 샴푸는 No!

대형 용기에 들어 있는 절약형 샴푸를 사용하면 인간관계나 이사 문제에 걸림돌이 자주 생긴다. 비누는 고급품을 사용할수록 교제운이 좋아진다.

애정운을 요리하는 주방 방위별 사랑을 만들어주는 아이템

동향: 식탁엔 꽃과 음악이 있도록 하자

집안의 위계질서에 문제가 발생하여 가정의 분위기가 삭막해질 수 있는 방위다. 식탁이 동쪽에 있으면 연장자가 서쪽이나 북쪽에 앉고, 나이가 적은 사람이 동쪽에 앉는다. 식탁에 붉은 꽃을 꽂아두거나 식사할 때 음악을 들으면 화목한 가정을 이룰 수 있다.

동남향: 핑크 꽃과 과일로 장식하자

식탁 테이블이나 소품, 커튼 등을 계절마다 교환하면 집안에 행운이 깃들게 된다. 테이블 위에 분홍색 꽃을 두거나 과일 바구니나 과일 디자인의 장식품을 놓아두면 화목한 기운이 감돌며 가족 모두의 건강을 기대할 수 있다.

남향: 붉은 소품을 활용하자

부엌이 남쪽에 있다면 이중 커튼으로 햇빛을 차단하는 것이 가장 중요하다. 남쪽의 행운을 가져오는 색상은 붉은색이므로 붉은 소품으로 인테리어를 하면 좋은 기운이 상승한다. 창문이 클 경우 관엽식물을 창문 좌우에 두면 애정운이 상승한다.

남서향: 옅은 노란색이 좋다

집안의 안주인이 거처하면 좋다. 이귀문 방향이라 지저분하면 좋지 않다.

서향: 노을빛은 금물이다

창문을 통해 들어오는 저녁노을을 막아주는 것만으로도 기본적인 행운을 부를 수 있다. 커튼은 흰색, 분홍색, 금색, 갈색 계열이 가장 좋고 내부 인테리어도 노란색으로 포인트를 주면 행운을 부를 수 있다.

북서향: 갈색이 좋다

애정운을 상승시킬 수 있는 아이템은 베이지색 커튼, 짙은 갈색의 식탁과 장식장이다. 풍경화나 가족사진을 벽에 걸어두면 가족운이 상승한다.

북향: 주부의 활력이 가족운을 좌우한다

가족운을 높이는 TV는 고립감을 느낄 수 있는 주부에게 활력을 줄 수 있어 좋다. 부엌의 남쪽에 꽃이나 귀여운 인형, 그림 등을 걸어두면 주부의 기운을 좋게 해주고 가족운도 함께 좋아진다.

북동향: 부엌의 청결 유지는 필수다

북쪽은 부엌 내부 인테리어를 깨끗하게 하는 것이 중요하다. 인테리어 소품은 모두 흰색으로 하고 꼭 필요한 것이 아니면 수납장에 넣어 실내를 깨끗하게 하는 것이 애정운을 높이는 비결이다. 식탁에 오렌지색이나 흰색 꽃을 올려두면 가족운이 놀랍도록 상승한다.

사랑의 기운을 불러모으는 풍수 비법 5가지

1) 깨끗한 속옷: 사랑이란 보이지 않는 곳에서부터 시작된다. 깨끗한 속옷은 사랑을 불러일으키며 핑크나 빨간색은 직접 착용하지 않고 보관하기만 해도 정열적인 기운을 샘솟게 한다.
2) 따뜻한 욕실: 뜨거운 물은 음의 기운을 양의 기운으로 바꾸는 긍정적인 힘을 가졌다. 수증기가 피어오르는 욕조의 뜨거운 물은 사랑의 열기와 파도를 상징한다.
3) 싱싱한 들꽃: 싱싱한 들꽃을 침대 머리맡에 장식하거나, 작은 컵에 꽂아두거나 지갑 속에 들꽃 사진을 간직하면 예상치 못했던

우연한 만남이 이루어진다.

4) 허브 향초: 거듭된 사랑의 실패로 마음이 식었다면 허브 향초를 밝혀 사랑의 마음을 뜨겁게 달구면 참된 사랑을 대비할 수 있다.

5) 깨끗한 거울: 깨끗한 거울은 잠자고 있는 시간에도 자신의 파트너를 끌어당긴다. 원형이나 팔각형이 가장 좋다.

행운, 부부금실 좋아지는 우리 집 인테리어

집안에 안 좋은 일이 있다거나 문제가 생기면 산소 자리나 수맥의 흐름부터 생각하게 된다. 풍수라는 것은 인간 생활에 기의 흐름을 살피는 즉, 주변의 좋은 기가 잘 흐르도록 도와주며 나쁜 기는 차단한다는 개념이다. 물론 이런 주장에 거부감을 갖는 사람들도 있다. 하지만 풍수 연구가들이 "현재 살고 있는 집의 방향과 수맥의 흐름, 화장실과 부엌의 위치 등이 우리의 삶에 큰 영향을 준다"라고 주장한다. 집은 새로 지을 게 아니라 가구 배치와 방의 용도만 바꾸어도 길흉화복을 조정할 수 있다는 것이다. 그럼 행운을 불러주고 좋은 기를 불러오는 인테리어에 대해 알아보자.

기가 통하는 포인트

현관문을 들어서서 집안을 바라볼 때 좌측의 대각선상에 위치한 지점이나 출입문에서 오른쪽 모서리에 해당하는 지점에 기가 통한다. 또는 현관에서 바라볼 때 우측의 대각선상에 위치한 지점 또는 현관 바로 맞은편 지점에도 기가 잘 통한다. 이렇듯 집안에 활기를 전해 주는 기 포인트 주변은 항상 밝고 간결하게 꾸며야 하며, 가족의 진로나 사업 및 직업에 어울리는 물건사진이나 도구 등이나 조명, 잎이 무성한 화초를 두는 것이 효과적이다.

남편을 출세시키고 싶다면

1) 북서쪽 방위: 한 가정을 지탱하는 힘과 믿음, 부하로부터의 덕망, 출세 운과 밀접한 관계가 있다. 남편이 직장생활에 문제가 있다면 집안의 북서쪽에 해당하는 자리에 흉한 시설물을 많이 사용하여 늘 습한 장소이 없는지 먼저 살펴본다. 북서쪽, 북동쪽의 물고임은 불길하지만, 남편의 방, 서재, 침실로 사용하면 좋다. 인테리어는 난색 계통으로 하고, 반드시 관엽식물을 둔다. 북서쪽은 항상 깨끗해야 한다.
2) 동북쪽 방위: 귀문방이라 해서 습하거나 불결한 시설이 있으면 흉하다. 화장실이나 욕실, 주방, 쓰레기통도 두면 나쁘다. 동북쪽은 재물, 금전, 그리고 건강 운을 좌우하는 방위이다.

남편 출세 작전

1) 자기 사업을 하려는 남편에게 서재를 마련해 주도록 하자.
2) 서재 다음으로 양지바른 현관, 특히 동쪽이나 남쪽으로 난 현관은 남편이 사업가로 일어서는데 큰 도움을 준다.
3) 현관은 늘 깨끗해야 하고, 현관 입구에는 근사한 화분, 깨끗한 신발장을 배치하고 그 위에 꽃을 놓는다. 현관이 세련된 분위기를 갖추면 행운과 재운이 찾아오게 된다.
4) 남쪽에 그린색 소품을 두어 재능을 상승시킨다. 출세하려면 재

능을 키우는 것이 급선무이다. 빛이 많이 들어오고 기운이 센 남쪽이 재능을 키우는 데 좋다. 관엽식물이나 그린 계열의 소품을 두면 재능운이 상승한다.

5) 부부의 침실은 집안의 서북쪽으로 남편의 서재도 서북쪽에 있어야 한다.

금전운을 부르는 방위

둥근 형태의 가구와 황금색이 금전운을 부른다는 게 풍수 이론가들의 지적이다. 특히 동쪽으로 창이 난 햇볕 잘 드는 방은 금상첨화다.

1) 북쪽 방위: 금전운이 가장 좋아하는 곳은 어둡고 서늘한 장소로 북쪽을 의미한다. 재산에 관련되는 것은 북쪽에 보관해 두는 것이 기본이다.
2) 동쪽 방위: 오디오나 텔레비전을 놓고 그 위에 붉은색의 자그마한 소품을 올려두거나 해도 금전운에 좋다. 동쪽 벽면에는 시계를 걸고 스피커를 달면 좋다.
3) 남쪽 방위: 양쪽에 열대성 분재나 여름 풍경의 유화 그림으로 꾸미면 좋다.
4) 서쪽 방위: 황색과 흰색 소품을 두도록 하자.
5) 금전운은 부엌에서 시작된다. 부엌은 금전운에 아주 큰 영향을 미치는 공간이다. 부엌이 길하면 일가족의 금전운이 전부 좋아진다. 청소를 철저하게 하는 것은 물론이고, 관엽식물을 하나 둔다. 지갑을 부엌에 두는 것도 삼가도록 한다.
6) 현관은 밝고 깨끗해야 금전운이 향상된다. 금전운은 서쪽에서

도 오지만, 밝고 깨끗한 현관을 통해서도 들어온다. 조명의 먼지를 털어내고, 항상 밝기를 유지할 수 있도록 전구 교체에도 신경 쓴다.

그 밖에, 에어컨 바람은 동쪽 벽에서 나오도록 하고, 이부자리는 매일 말리고, 잠옷은 3벌 이상 준비해 두고 깨끗하게 입는다. 목욕은 9시 이전에 하고 11시 이전에 취침하는 것이 재물운을 좋게 하는 데 도움이 된다.

건강과 기를 넣어주는 인테리어

1) 주방은 동쪽, 빨간색 아이템으로 기운을 더욱 강하게!
   '동쪽에서 먹고, 서쪽에서 자라'라는 말은 건강의 기본이다. 적색의 아이템을 동쪽에 장식하면 부족한 기운이 보충된다. 주방으로 집안의 기가 집중되어 있는 집은, 기의 흐름이 한쪽으로 쏠려 가족 중에 비만인 사람이 생기기 쉽다. 주방에 살림살이들이 많이 쌓이지 않도록 정리·정돈하는 것이 필요하다.
2) 여성의 갱년기 장애: 남서쪽에 해당하는 지점의 기운이 살아나도록 한다. 남쪽으로 향한 침실 창가에 싱싱한 화분을 둔다.
3) 불면증: 침실은 북쪽이나 북서쪽에 위치하는 것이 좋고, 베개를 서쪽 혹은 북쪽으로 두고 자면 불면증이 사라진다. 또 침대 오른쪽 모서리에 백열등으로 된 작은 스탠드를 두고, 잠을 잘 때도 약하게 켜놓도록 한다. 주방 창가에는 항상 꽃을 꽂아두고, 따뜻한 느낌의 붉은 소품들로 장식한다.
4) 욕실이나 화장실을 청결하게 하면 건강해진다.

물이 있는 장소는 건물뿐만 아니라 거주하고 있는 사람의 건강에도 영향을 준다. 욕실은 항상 청결하게 하고 환기를 잘 시키는 것이 중요하다. 욕실의 출입문은 항상 꼭 닫아두도록 하고, 욕실 문 위에 붉은색이 들어간 그림 액자를 걸어둔다.

5) 집안의 한가운데, 집안의 중심점이 어둡거나 쓸데없이 많은 물건을 쌓아놓으면, 위장의 과식 상태와 같은 기운이 집안을 채우게 되어 위장병이 생길 수 있다. 집안 중심의 자질구레한 물건을 말끔히 치우도록 한다.

내 집 마련을 원한다면

1) 동북쪽에 큰 가구를 놓아둔다.
동북쪽에 큰 가구를 놓아두면, 좋은 집을 구할 수 있게 된다. 여기에는 흰색과 황색을 함께 놓아두는 것이 효과적이다.

2) 남서에는 관엽식물, 북서에는 브랜드 상품을 둔다.
대지의 파워가 깃들인 남서쪽에는 나지막한 가구를 두고, 그 가까이에 흰 레이스를 깐 다음 관엽식물, 핑크색이나 황색 풀꽃을 놓아둔다. 북서쪽에는 서랍장 등의 큰 가구를 배치시켜 그 안에 고급 옷이나 브랜드 상품을 한 가지 정도 넣어두면 융자금을 갚는데 걱정이 덜어진다.

재취직을 희망한다면

1) 거실의 북서쪽에 트로피나 상장, 기념품 등을 둔다.

2) 북쪽에 식기 찬장을 두고, 그 속에 술과 술잔을 둔다.

3) 동남쪽에는 TV, 오디오, 그림이나 실크스크린을 배치한다.

4) 남서쪽에는 소파를 동향이나 북향에 놓고 베이지색 러그를 깐다. 큰 그림을 걸어두면 좋다.

부부금실 좋아지려면

침대를 방의 북쪽에 베개를 동쪽에 두고 부부가 스탠드를 함께 구입해 머리맡에 놓으면 금실이 좋아진다.

1) 동쪽에 레드나 핑크색 소품으로 장식한다.

풍수에서는 무엇이든지 시작하는 데는 동쪽의 힘이 깃든 레드나 핑크색이 좋다고 본다. 자신의 기분을 확실하게 상대에게 전하는 작용이 있기 때문이다.

2) 침실 가구를 동남쪽으로 배치한다.

사랑의 운기는 동남쪽의 바람이 운반한다. 당신의 침실이 집의 중심에서 동남쪽에 있고, 동남쪽에 창이 있다면 최고의 입지이다. 가구나 소품도 동남쪽으로 배치하면 부부 운이 더욱 돈독해진다. 유리 테이블이나 금속 파이프의 침대, 모노톤의 인테리어는 음기가 강해서 연애운을 떨어뜨리므로 주의한다.

3) 예뻐지려면 남쪽에 관엽식물을 둔다.

아름다워지려면 남쪽의 파워를 빌려오도록 한다. 방의 남쪽에 관엽식물을 장식하고, 크리스마스트리에 다는 둥글고 반짝이는 장식을 달아두는 것도 효과적이다.

기의 흐름에 맞는 가구와 소품 배치의 8가지 상식

1) 흉한 기운이 있는 물건을 치우고 가구를 새로 배치했을 때, 최소한 2~3일은 기의 흐름이 혼란스러워지고 흉한 기운이 남아 있게 되므로 대청소를 할 때나 전체적으로 집안을 정리할 때 함께 치우는 것이 기의 흐름을 안정되게 한다.

2) 가구들을 버리고 새것으로 장만한다는 것은 현실적으로 무리가 있으므로 벽지나 문, 바닥, 천장의 색을 연한 원목색이나 베이지색으로 바꾸어도 된다.

3) 장롱의 위치는 별로 선택의 여지가 없지만, 침실 출입문에서 볼 때 좌측 벽면에 위치하는 것이 좋다. 책상이나 화장대 등은 문을 바라볼 수있는 위치, 방문과 인접한 벽면에 두어야 한다.

4) 테이블 종류는 사각보다는 둥근 것이 좋다. 각의 모서리에 다칠 위험도 있지만 본능적으로 모서리를 경계하게 되어 나쁜 기운이 뿜어져 나오기 때문이다. 괴목이나 박제 같은 어둡고 거친 느낌의 장식은 좋지 않다.

5) 침대는 기본적으로 창가를 향해 머리를 둘 수 있도록 놓는다. 이때 가구나 집기 등이 창문을 가리지 않도록 해야 한다. 그리고 벽면에는 평화롭고 신선한 느낌의 풍경화를 걸어두면 좋다.
6) 그림은 부드럽고 따뜻한 것이 좋다. 기괴하고 어두운 추상화나 종교적 성향이 강한 그림을 침실에 두는 것은 특히 좋지 않다. 그런 그림이나 사진은 서재나 거실 앞, 집안의 성스러운 기운이 감도는 북동쪽 벽면에 걸면 좋다.
7) 벽시계는 원형이나 팔각의 것이 좋고, 누워서 바라볼 수 있는 위치에 건다.
8) 쓰지 않는 물건을 올려놓는 선반은 좋지 않다. 선반은 공간을 효율적으로 이용한다는 점에서 애용되고 있지만, 대부분 선반과 선반 위의 물건은 방의 기를 탁하게 하고 기의 흐름을 방해한다. 가구 위의 빈 공간도 기의 손실을 초래한다. 가급적이면 천장과 높이가 같은 붙박이장을 쓰는 것이 바람직하다.

재물이 모이는 풍수인테리어

재물이 모이는 집은?

1) 현관은 밝고 깨끗하게 한다.

현관에 우산꽂이, 구둣주걱, 쓰레기, 헌책 등을 두지 말고 신발을 가지런히 정리한다. 매일 물청소를 해서 깨끗하게 하고, 조명은 밝게 설치한다.

2) 북쪽에 진한 색상의 가구를 둔다.

예금통장이나 인감, 자주 사용하지 않는 중요한 물건을 보관하는 곳으로 북쪽을 택하면 좋다. 진한 색상의 서랍장이나 금고 등을 놓아두고 현금이나 귀금속 등을 보관하면 집안의 금전운이 높아진다.

3) 동남쪽에 연녹색의 물건을 놓아둔다.

녹색은 긴장을 풀어주고 마음을 평온하게 만들어주는 색상. 동남쪽의 연녹색은 인간관계를 좋아지게 하고 금전운도 높여준다.

4) 서쪽에는 흰색이나 진노란색의 물건을 놓아둔다.

서쪽 벽면에 노란색 벽지를 도배하는 것도 좋다. 금전운을 상징하는 황금색이나 진노란색 계통의 패브릭을 이용한 침구나 쿠션 등을 적극 활용한다.

5) 북동쪽에는 무늬 없는 백색 도자기나 흰색 가구를 둔다.

북동쪽은 집안에 운이 머무는 중요한 곳이다. 지저분하게 물건을 늘어놓지 말고 정갈하게 꾸민다. 이곳에 수납장이 있다면 안까지 신경 써서 깔끔하게 정돈한다.

6) 창 쪽으로 머리를 두고 잔다.

좋은 기운은 잠잘 때 몸속으로 들어온다. 밖에서 들어오는 자연 에너지와 금전운을 듬뿍 받으려면 침대 머리를 창 쪽으로 향하게 하는 것이 좋다. 침대 옆에는 작은 스탠드를 항상 켜둔다.

7) 자주 환기하여 집안에 상쾌한 기운이 감돌도록 한다.

집안에 머물러 있으면서 침체된 공기는 얼른 밖으로 빼주어야 한다. 또한 밖에서 들어오는 좋은 기운을 가득 받아들이기 위해서도 환기는 매우 중요한 역할을 한다.

재물이 솔솔 새나가는 집은?

1) 현관이 어둡고 지저분하다.

2) 주방 가스레인지에는 국물이 얼룩져 있다.

3) 주방 가구의 문이 삐걱거리거나 잘 여닫히지 않는다.

4) 주방이나 식당이 온갖 잡동사니들로 채워져 있어 시장바닥을 연상케 하고, 개수대에는 항상 먹다 버린 음식 찌꺼기가 남아 있다.

5) 환기가 잘되지 않아 퀴퀴한 냄새가 난다.
6) 화장실 타일이나 욕조, 세면기 등에 더러운 얼룩이 잔뜩 묻어 있고, 배수가 잘 안 되어 불쾌한 냄새가 가득 차 있다.
7) 침실 창가에 온갖 물건들이 쌓여 있다.
8) 침대나 장롱 등 사람보다 물건이 돋보이는 침실은 명예나 진로에도 흉하게 작용한다.
9) 잠잘 때 머리 부근에 불필요한 물건들로 가득 채워놓는다.
10) 침실 천장의 조명을 깨진 채로 두거나 전구가 끊어진 채로 둔다.
11) 지갑이나 가방과 같은 중요한 물건들을 아무 곳에나 함부로 둔다.

이사 때 좋지 않은 기운을 막으려면

사물을 타고 흐르는 천지자연의 기운은 불룩 튀어나온 곳에서 파인 곳으로 흐른다. 야생동물들도 기氣가 모이는 산이 휜 안쪽에 살지, 기를 빼앗기는 굽은 등 쪽에는 살지 않는다. 물고기도 휘돌아가는 강 안쪽으로 모여들지 바깥쪽에는 모이지 않는다.

집이나 가게를 얻을 때는 먼저 지형을 잘 살펴야 한다. 산과 강이 있는 곳이라면 산을 등지되 강이 집이나 가게 쪽으로 휘어들어 온 곳을 택하는 것이 좋다. 도심에서는 길의 모양을 잘 봐야 한다. 바르게 난 길은 별문제가 없지만, 만약 휘어져 있다면 휘어진 안쪽에 얻어야 한다. 바깥쪽은 오고 가는 사람과 자동차에 기운을 빼앗긴다.

사람은 각자 독특한 에너지가 있다. 그 에너지는 천지자연의 에너지와 교감하면서 건강과 운명에 영향을 준다. 따라서 주변 환경이 고요하면 사람의 에너지도 고요해져 건강과 운명이 흔들리지 않는다. 그러나 환경이 탁하고 어지러우면 자신의 에너지도 탁해지고 요동친다.

새로 집을 지을 때는 방위를 맘대로 정할 수 있지만 이미 지어져 있는 집을 사서 이사할 때에는 지형 특성상 입지조건이 좋지 않거나 방위를 바꿀 수 없는 경우가 대부분이다. 이럴 때는 다음과 같은 방법이 있다.

집이 산을 향하고 있을 때는 가능한 한 산을 향한 쪽 벽을 두껍게 하고 창문은 작게 하는 것이 좋다. 그 대신 집 뒤는 빛이 잘 들어오도록 창문을 크게 낸다. 또 집 양옆으로 길이 나 있을 때는 길 쪽의 벽을 두껍게 하거나 담장을 높고 두껍게 쌓는다. 또 큰 나무를 많이 심어 집안의 생기가 빠져나가지 않도록 하면 된다. 그리고 동쪽에 있어야 할 출입문이 서쪽에 있다면 집 안이나 밖에 칸막이 하나를 놓아두면 기가 상충되는 것을 막을 수 있다.

집안의 구조를 바꾸는 방법도 있다. 출입문이 동쪽에 있어야 하는데 서쪽에 있다면 서쪽의 벽에 큰 가구를 두거나 행운목 같은 큰 화분을 갖다 두는 것도 좋다.

이런 방편은 잘못된 기에 휘둘리지 않고 고요함을 지키기 위함이다. 천지자연의 기운이 순행하는 곳에 몸을 둠으로써 건강을 지키고 복된 삶을 누릴 수 있다.

웰빙 생활풍수

기氣와 방위方位와는 밀접한 관계가 있다.

해가 뜨는 동쪽의 기운과 해가 지는 서쪽의 기운이 같을 수 없고, 차가움을 상징하는 북쪽의 기운과 따뜻함을 상징하는 남쪽의 기운 역시 다르다. 사택四宅의 구분으로 우주의 기운을 어떻게 인간생활에 유용하게 이용하느냐가 양택가상학陽宅家相學의 핵심 연구과제라 할 수 있다.

근본적으로 풍수지리에서의 음택이나 양택은 땅의 생기를 추구하는 기본 내용은 다를 바 없다. 그러나 시신은 지기를 받는 것을 원칙으로 하지만 양택은 산 사람이 생활하는 공간으로서 천기를 이용함을 원칙으로 한다. 묘지는 혈처를 이용하지만, 주택은 비교적 넓은 명당이 적지이다. 명당이 그 규모가 크면 대도시를 형성할 수 있지만, 작은 곳은 촌락을 이루는 정도이다.

양택지도 용혈사수향龍血砂水向의 명당요건이 갖추어진 곳이 길지이다. 이런 곳에는 장풍득수와 땅의 생기가 갖추어진 곳으로 인간이 생활하기에 적합한 곳이다. 인간이 생활하는 데 있어서 가장 중요한 것은 공기와 물이다. 이것이 바로 풍수이다. 공기는 잠시도 들이쉬지 않고는 살 수 없고, 물도 며칠만 못 마시면 생명을 유지할 수 없다.

장수의 비결은 맑은 공기와 좋은 물이라고 한다. 바람과 물이 주택지의 가장 중요한 입지조건이다. 즉 장풍득수가 이루어진 명당이어야 하고, 배산임수의 조건이 이루어져야 좋다. 우리나라의 경우 겨울철에는 북서풍이 제일 많기 때문에 서북쪽이 높고 볕이 잘 드는 동남쪽이 낮아서 5에서 20도 정도의 경사지라면 배수가 잘되어서 좋고, 거기에 물이 감싸준다면 더없이 좋은 것이다.

주택지를 선정할 때 유의할 점은 지기를 주로 하는 음택지와 달라서 햇볕과 바람과 물의 여향을 충분히 고려해야 할 것이다. 주택지는 퇴적토라도 큰 영향이 없는 것은 산 사람은 지기보다 천기의 영향이 더 크기 때문이다. 그러나 가물 때 먼지가 푹석푹석 나는 땅이나 배수가 안 되는 습지로서 세균이 우글거리는 땅은 나쁘다.

양택도 명당이 좋은 이유는 산 사람도 사신사 즉 주위 산들의 영향을 받는다. 산의 정기가 인간에게 미치는 영향도 크다. 가까운 야산이 있는 것도 좋고 높은 산은 멀리 있는 것이 좋다. 산이 보이지 않는 땅은 좋지 않다. 주위에 수려한 산의 정기가 비추어 준다면 길상이다. 국가마다 지역마다 성격이나 기질이 다른 것은 이같은 이유 때문이다.

장수하는 사람이 많이 사는 마을의 대부분이 사신사가 잘 갖추어지고 통풍이 잘되는 집에서 산다는 연구 결과가 있다. 봉우리 위에는 정자나 별장 같은 것은 몰라도 주택지로는 적당치 않다. 물은 부족하고 풍해가 심하기 때문이다. 반대로 움푹 패어 들어간 소형함지小形含地도 나쁘다. 수해도 문제이거니와 통풍 또한 좋지 않기 때문이다.

집 앞에 큰 산이 가로막고 있는 것은 좋지 않다. 사람은 생리학상으로나 심리학상으로 햇볕이 없으면 건전한 생활을 하기 어렵다. 택지를 선정할 때 얼핏 보아 경사가 심하지 않고 경사가 심해도 북쪽과 서쪽이 높은 것은 괜찮다. 될 수 있으면 앞면이 탁 트인 곳이면 좋다.

도시생활에서는 큰 집이 앞에 들어서는 경우가 있다. 물론 건축 법규가 철저히 시행되므로 큰 피해는 보지 않게끔 되어 있으나 모르고 당하는 수가 비일비재하니 각별히 주의해야 할 것이다.

풍수지리에서 지질도 중요하다. 지질에서 가장 중요한 것은 살아 있는 땅이어야 한다. 원칙적으로 물에 의하여 운반된 퇴적토는 죽은 땅이다. 그러나 오래되어 지반이 다져진 땅이나, 바위 즉 퇴적암으로 변해서 지하수가 흐르는 땅이면 상관이 없다.

중동지방과 같은 대륙의 대부분의 땅들은 바다 밑 퇴적토로서 지반은 다져졌더라도 퇴적토층이 깊어 지하수와의 거리가 먼 땅은 황무지이거나 더러는 초지를 형성하나 수목이 거의 살지 못하는 땅이다. 이러한 땅은 아무리 넓은 평야도 그저 쓸모없는 땅일 뿐이다.

우리나라와 같이 살아 있는 땅들의 대부분은 비록 예전에는 바다 밑이였더라도 퇴적토는 바다로 씻겨 내려가고 생땅이 드러난 땅으로 이러한 땅에는 바위 위에서도 나무가 자란다. 살아 있는 땅의 증표로는 소나무를 들 수 있다. 외국을 다녀본 결과 소나무가 없는 땅은 잡목은 무성하더라도 생기가 없는 땅이 대부분이다. 소나무는 바위와 누런 황토가 어우러져 있는 살아 있는 땅에서만 생존함을 볼 수 있다. 택지의 지질로는 소나무가 살 수 있는 생땅이면 더욱 좋다.

옛날 우리의 전통가옥의 누런 황토 마당은 흙 빛깔이 빛이 나며 점토와 사토가 알맞게 섞인 토양으로 습기를 알맞게 함유하고 있어 이상적이라 할 수 있다.

풍수지리에서의 물은 재산과 영향이 있다. 아무리 맑고 좋은 물이라도 물의 양이 적고 급하게 흐른다면 재산의 축적이 이루어지지 않는다고 본다. 대부분의 대도시로서 재물이 모이는 곳은 바닷가나 큰 강물이 그 도시를 감싸고 흐르는 곳이다. 강물이 굽이굽이 흐르는 곳에서 강물이 감싸 안은 쪽은 길하고 그 반대쪽은 흉한다. 이러한 곳은 충衝을 받는 곳으로 만약 수해를 당하더라도 안쪽은 물에 잠기긴 해도 휩쓸려 내려갈 염려가 적지만, 그 반대편은 피해가 막심할 것이다.

집의 동쪽이나 동남쪽으로 깨끗한 물이 흐르되 급류가 아니고 만만하게 감싸듯이 흐른다면 재물운이 좋은 것으로 본다. 급경사지의 주택은 어쩔 수 없이 하수도도 대개 급류가 되기 마련이다. 이런 집은 재물의 축적이 안 되는 곳으로 보기 때문에 적어도 집터 안에서만이라도 급류가 되지 않게 시공하는 것이 좋다. 그렇다고 너무 수평에 가까운 하수도는 오수汚水가 고일 염려가 있어서 좋지 않다.

가상에서 길 또한 물과 비슷하다. 일반적으로 한 면이 길에 접해 있으면 좋은 것으로 본다. 집 주위의 길이 경사가 너무 심한 것도 좋지 않고, 막다른 골목 안의 집은 절대 좋지 않다. 상가라도 2면 정도가 길로 접해 있으면 무관하나 3면 이상이 길로 접해 있으면 흉지이다. 재물이나 사람이 머무를 곳이 적기 때문이다. 그러나 대지가 넓은 곳이면 무방한다.

지하수가 흐르는 곳을 수맥이라고 하는데 이것만 연구하는 이들도 있다. 수맥은 간단한 도구로 측정이 가능하다. 수맥이 지나는 곳은 수맥파가 형성되어 지상에 영향을 주는데 그런 곳은 아무리 튼튼한 건축 구조라도 금이 가는 영향을 받는다. 수맥파 위에 침대를 놓거나 잠자리로 사용하면 관절염 등의 질병이 따른다. 같은 방에서라도 잠자리를 옮기거나 동판을 깔면 피해를 막을 수 있다.

풍수지리에서 택지형宅地形은 직사각형이 좋은데 가로변과 세로변의 길이가 2:3 정도면 길상이라고 본다. 한 변의 길이가 다른 한변의 길이에 2배 이상이거나 정사각형이어도 좋지 않다. 균형이나 조화를 잃었기 때문이다. 길이가 너무 길면 기가 모이지 않고 흩어지기 때문이며 정사각형은 조화를 잃었을 뿐 아니라 정체적이고 비활동적이어서 좋지 않다. 이런 곳은 발전과 향상이 저해되기 때문이다. 그러나 대지 면적이 크면 무방한다.

택지가 삼각형이거나 오각형 이상의 택지 또한 좋지 않다. 삼각형의 택지가 지나치게 날카롭다면 다각형은 지나치게 둔각鈍角이기 때문이다. 택지가 별나게 요철이 심한 택지 또한 재난이 따른다고 본다.

9운 현공풍수玄空風水

풍수는 주로 공간상 산수의 배치에 따른 건물의 좌향을 결정하는 것으로 되어 있다. 이러한 공간상의 배치에 시간 개념을 넣은 것이 현공풍수다. 현공풍수는 당나라 양균송 선사 이래로 1,000년 이상 가문비전이나 사제지간에만 은밀하게 전수되어온 학문이다.

4	9	2
3	5	7
8	1	6

현공풍수는 낙서의 3×3 행열식을 가진 마방진의 형태를 가진다. 즉 가로 세로 또는 대각선으로 그 수를 합하여도 그 합이 15이고, 그 행렬의 값을 구하면 360이라는 값이 나오는 신비한 마방진이 바로 낙서의 팔괘구궁반이다. 이러한 낙서구궁반의 숫자를 2차원 평면이 아닌 3차원 공간상에 배치할 때 1, 2, 3, 4, 5, 6, 7, 8 그리고 9의 숫자를 연결하면 생명의 신비를 나타내는 황금나선운동의 궤적을 나타낸다.

20년마다 운이 바뀐다

현공玄空이란 검을 현玄 또는 아득할 현玄에 빌 공空자 공간 공空으로 기존의 가시적인 3차원 공간의 개념과는 다른 시간이라는 변수의 도입을 이름 자체에서 시사하고 있다. 기존의 주어진 공간에 시간의 개념을 넣는다는 것으로서 쉽게 이야기하면 주어진 어떤 지역에 봄 여름 가을 겨울 사계절이 변화하듯이 기운이 바뀌는 개념이다.

구체적으로 언급하면 같은 자좌오향子坐午向의 남향집을 짓고 180년이 지난다면 20년마다 1운에서 9운까지 9 개의 다른 운이 도래하면서 그 집의 운이 바뀐다는 것이다. 그런데 왜 20년마다 운이 바뀌고, 어떤 운이 오는가?

만일 정남향으로 집을 짓고 1운에서 9운까지 180년을 지낸다면 1운 감운坎運에서는 가장 강한 양기와 음기가 남향에 모인다. 2운에서는 가장 강한 양기와 음기가 이번에는 북쪽에 모인다. 여기서 양기는 산의 기운을 지칭하고 음기는 물의 기운이다. 그래서 1운에는 남쪽에 물이 있고 산이 있어야 하며, 2운에는 반대로 뒤쪽인 북쪽에 산이 있고 물이 있어야 한다.

이런 식으로 가장 강력한 산의 기운과 물의 기운이 교차하여서 건물이 있는 坐북쪽와 바라다 보는 向남쪽을 왕복한다. 산의 기운을 양기라 하고 물의 기운을 음기라 했는데 물보다 운동성이 떨어지는 고체의 산을 양기라고 한 것은 산이 단순한 산이 아니고 천상의 별의 정기를 받아들이는 용기로서의 산이기 때문이다.

다시 3운인 진운震運이 되면 다시 강한 산과 물의 기운이 좌인 건물이 있는 북쪽에 배치된다. 4운 손운巽運에는 다시 강한 산과 물의 기운이 방향을 나타내는 남쪽에 모인다. 이렇게 강한 산수의 기운이 남북 좌향을 1~4운 그리고 6~9운에 왕래한다.

그러나 5 운의 산수의 배치는 조금 다르다. 5운 즉 중궁운中宮運에는 5운의 강한 산의 기운이 북쪽인 건물의 좌에 있고 5운의 강한 물의 기운이 향에 나타난다. 산의 기운이 건물이 위치한 좌에 있고 물의 기운이 건물이 바라다보는 향에 위치한 것은 보통 건물이나 묘가 위치할 경우 나타나는 배산임수와 일치한다. 이렇게 산수의 기운이 있는 경우 산수기운의 공명이 발생하여 강력한 기운이 발생한다고 한다.

산-양기-인재, 물-음기-재화

다시 6운인 건운乾運이 되면 산수의 기운이 모두 향에 집중된다. 이런 경우 앞에서도 언급했지만, 집 앞에 물이 있고 그 뒤에 산이 있으면 현공풍수의 산수의 기운과 공명이 일어나서 산수의 좋은 기운이 발생한다.

산의 기운은 양기로서 좋은 산의 기운이 나타나면 훌륭한 인물이 태어나고, 음기인 물의 기운인 공명이 발생하면 재화가 풍부해진다. 계속하여 태운兌運인 7운에는 7운의 산수의 기운의 좌에 모이고, 간운艮運인 8운2004~2023년에는 정남향 자좌오향 건물은 향에 산수의 기운이 모여서 앞에 물이 있고 그 뒤에 산이 있으면, 재화가 좋고 인물도 나쁘지 않은 상황이라 할 수 있다.

현공풍수에서 가장 중요한 개념은 20년마다 풍수의 기운이 바뀐다는 것이다. 어떻게 기운이 바뀌는가. 팔괘구궁의 배치에서 우선 기본이 되는 5운 배치에서는 동서남북에 자오묘유 즉 감리진태의 기운이 배치하고, 사이 방향 즉 동남, 동북, 남동, 남서에는 건손간곤의 기운이 배치한다. 즉 기본 배치에서는 동서남북 방향에 감리진태의 기운이 존재하면서 중앙에는 아무런 방향성을 가지지 않은 중궁의 기운이 자리한다. 이를 숫자로 표시하면 다음과 같은 팔괘와 숫자가 팔괘구궁원반에 배치한다.

즉 북쪽엔 감괘와 1이라는 숫자가 배치한다. 이것이 5운의 배치이다. 다시 언급하면 5운에만 동쪽에 동쪽의 기운에 해당하는 진괘 즉 3의 기운이 위치한다. 나머지 기운도 같다. 그러나 1운이 되면 1의 기운 즉 북쪽의 기운이 가운데 중궁에 자리 잡는다.

그리고 북쪽에는 6의 기운이 남쪽에는 5의 중앙 기운이 배치된다. 2운에는 북쪽에 7의 태괘의 서쪽 기운이, 남쪽에는 6의 북서의 건괘 기운이 배치한다. 이런 식으로 5운의 기본 배치에 운이 바뀜에 따라 동서남북과 그 사이 방향에 팔괘와 중앙의 기운이 순환하면서 배치한다. 9운인 현재에 대하여 구궁반의 숫자 배열은 다음과 같다.

8	4	6
7	9	2
3	5	1

즉 가운데 중궁에는 9운의 9자가 온다. 그리고 북서 건궁에는 1이 오고 서쪽인 태궁에는 2가 위치하고, 동북인 간궁에는 3이 온다. 북쪽 감궁에는 5가 배치되고, 남쪽 이괘에는 4라는 숫자가 배치된다. 그러므로 9운에서는 남쪽에는 4의 기운이 자리잡고 북쪽에는 5의 기운이 자리한다. 그래서 9운에는 북향집이 남향집 못지 않게 좋다. 차례로 남서쪽에는 6의 기운이 오고 동쪽에는 7의 기운이, 동남쪽에는 8의 기운이 온다.

이러한 산수의 기운은 다시 중앙에 배치된 후 동서남북에 다른 숫자의 배열이 이루어진다. 구체적으로 9운에는 9라는 수가 가장 강력한데 이 9가 어디에 있는가가 제일 중요하다. 이렇게 20년마다 운이 바뀌면서 동서남북의 기운이 돌아가면서 자리 잡으며 이에 따라 남향집, 동향집 등의 운이 바뀐다는 것이 현공풍수의 기본 개념이다.

지난 20년간 2004~2023년은 8운의 시대였는데, 이때의 양토陽土의 기운이 지배했으므로

동남방		남방		서남방
	손(巽) 따름 바람(風) 장녀 다리 4	이(離) 이별 불(火) 차녀 눈 9	곤(坤) 유순 땅(地) 어머니 배 2	
동방	진(震) 변동 우레(雷) 장남 발 3	중(中) 중화 중앙(中) 5	태(兌) 기쁨 연못(澤) 삼녀 입 7	서방
	간(艮) 중지 산(山) 삼남 손 8	감(坎) 험난 물(水) 차남 귀 1	건(乾) 건실 하늘(天) 아버지 머리 6	
동북방		북방		서북방

- 산: 등산하고 캠핑하는 사람이 많다.
- 3남: 보이그룹이 뜬다.
- 산업: 부동산 시대라 전국의 땅값과 아파트값이 폭등했다.
- 손: 핸드폰+스마트폰의 시대이다.

지금부터 20년간인 2024~2043년은 9운, 화火의 시대이므로 이때는

- 불: 더워지거나 전쟁이 일어나고, 뭔가 환하게 비추는, 숨겨왔던 비리 등이 드러난다.
- 산업: 가상현실, IT, 주식, 뷰티, 연예 등이 뜬다.
- 차녀: 여성 인권이 신장된다.

• 눈: 눈 관련 산업 뜰 예정이고, 메타퀘스트, 비전 프로 등등 VR, AR, MR 관련 산업이 뜬다.

8운 시대를 보면 좀 그럴듯하게 맞는 것 같아서 조심스럽게 9운의 시대의 특징이라는 것에 약간의 기대를 가져볼 수도 있지 않을까.

지난 20년 동안의 디바이스 교체 시기를 생각해 보면 처음에는 컴퓨터 그리고 스마트폰, 그리고 스마트폰의 시대가 끝나고 현재는 메타버스 시대다. 최근 분위기가 디바이스 세대 교체의 시기인 것 같은데 가상공간에 눈으로 하는 디바이스가 성행한다. 인터넷 시대에서 적응을 못했던 사람들은 메타버스 시대에 도전하면 된다. 9운에는 눈으로 보는 시대가 열린다.